Monika Herz

Die Elise-Energie

Monika Herz

Die Elise-Energie

Heilen mit himmlischer Kraft

nymphenburger

Die Anwendungen in diesem Buch sind spiritueller Art und stehen den Religionen näher als der Medizin. Sie sind jedoch geeignet, Selbstheilungskräfte zu aktivieren. Die Autorin hat nach bestem Wissen beschrieben, wie spirituelles Heilen geschehen kann. Die Ratschläge in diesem Buch sind von Autorin und Verlag sorgfältig geprüft, dennoch kann keine Garantie übernommen werden. Jegliche Haftung der Autorin bzw. des Verlages und seiner Beauftragten für Gesundheits-, sowie Personen-, Sach- und Vermögensschäden ist ausgeschlossen. Wir weisen darauf hin, dass spirituelles Heilen eine ärztliche Behandlung nicht ersetzt.

Hinweis: In diesem Buch wird nur die weibliche Form verwendet, um den Lesefluss nicht zu stören. Männliche Leser sind jedoch selbstverständlich auch angesprochen.

Schutzumschlag: atelier-sanna.com, München
Illustrationen: Silke Weiß, Irsee
Satz: Buch-Werkstatt GmbH, Bad Aibling
Gesetzt aus: 10,85/14,4 pt Sabon
Druck und Binden: GGP Media GmbH, Pößneck
Printed in Germany
ISBN 978-3-485-02861-5
Auch als ebook

www.nymphenburger-verlag.de

Inhalt

Die Liebe ist der Endzweck der Weltgeschichte,
das Amen des Universums.
Novalis

Die Arbeit an diesem Buch sei dem Glück
aller Wesen in allen Welten gewidmet.
Möge die Elise-Energie alle, die von ihr berührt
werden, heilen, reinigen und stärken.

Wie die Elise-Energie mich fand

Wer die Elise-Energie noch nicht kennengelernt hat, wird vielleicht – so wie ich – als ersten Eindruck nur den schönen Namen wahrnehmen: Elise. Und wer kennt nicht das weltberühmte Klavierstück »Für Elise«, das Ludwig van Beethoven komponiert hat, als er bereits taub war und sein eigenes Werk nicht mehr mit eigenen Ohren hören konnte? Beethoven hat sich lange mit diesem Stück beschäftigt, von 1808 bis 1810. Im Jahr 1822 erfolgte eine wesentliche Nachbearbeitung. Das deutet darauf hin, dass Beethoven selbst seiner Elise große Bedeutung beimaß. Veröffentlicht wurde das Stück erstmals 1867, vierzig Jahre nach dem Tod des wunderbaren Künstlers. Die Melodie »Für Elise« ist so klar und scheinbar einfach, so leicht und so wunderschön berührend, dass sie überall auf der Welt geliebt und geschätzt wird. Ich glaube, nicht nur die Menschheit, sondern selbst die Tiere mögen die Elise-Melodie, wenn sie in deren Genuss gelangen können. Musikwissenschaftler rätseln noch immer, welche Dame Beethovens Herz derart berührt hatte, dass er ihr die Melodie widmete. Es gibt mindestens vier Theorien darüber, die in Fachkreisen diskutiert werden. Eine weitere, allerdings völlig unwissenschaftliche Theorie wäre, dass Ludwig van Beethoven, der Wegbereiter der Romantik, bereits vor zweihundert Jahren vom Wesen der Elise-Energie berührt wurde. Das könnte auch den enormen Erfolg erklären, den das Stück im Lauf der Musikgeschichte erfahren hat.

Der Name »Elise« hat für mich persönlich noch eine andere, ganz spezielle Bedeutung. Im Jahr 1999 besuchte ich ein Selbsterfahrungsseminar mit dem Titel »Die Heldenreise«, da ich mich als angehende Heilerin fortbilden wollte. Mit einer kleinen Gruppe verbrachte ich fünf Tage zurückgezogen von der Welt im Allgäu, um mich auf die Reise des Helden zu begeben.

Im Verlauf der Reise waren wir aufgefordert, unseren wahren, spirituellen Namen in einer Vision zu entdecken. Der Name, der zu mir kam, war »Elisa«. Elisas »Instrument der Kraft«, das eine Kraft symbolisiert, die tief im Inneren des Helden verborgen ist, war eine kleine unscheinbare Blume. Auf dem Schild, den ich als Elisa damals malte und der mich auf meinem Weg schützen sollte, waren in Form von Symbolen drei Fragen beantwortet: Wer bin ich? Woher komme ich? Was ist meine Aufgabe hier auf dieser Welt?

Als alle Helden und Holden nacheinander aufgerufen waren, sich vorzustellen und sich in ihrer neu gewonnenen Identität zu präsentieren, antwortete ich auf die Frage »Wer bin ich?«: »Ich bin Elisa.« »Ich komme aus den unendlichen Tiefen des Universums«, berichtete ich weiter. Das war natürlich ein bombastisches Wort und es erforderte einigen Mut, mich aufrecht hinzustellen und mit klarer und lauter Stimme so etwas zu sagen. In einem Seminar darf man das zum Glück. Bei einem Vorstellungsgespräch für einen Bürojob wäre es vielleicht nicht ganz so angemessen.

Es ist übrigens gar nichts Außergewöhnliches, dass ein Mensch »aus den unendlichen Tiefen des Universums« kommt, so wie ich das damals beim Heldenbankett behauptet hatte. Wir kommen alle ursprünglich aus den tiefsten Tiefen des Kosmos. Das hat mir ein freundlicher junger Mann während einer Führung in der berühmten Sternwarte des Benediktinerstifts Kremsmünster erklärt. Die Sternwarte heißt »Mathematischer Turm« und der junge Mann erzählte nicht nur von zeitartigen vierdimensionalen Kurven, auf denen unser Planet womöglich durch das Weltall rast, sondern auch davon, dass die Erde sich aus Sternenstaub gebildet hat, aus kosmischen Krümeln quasi, die

im leeren Raum herumtanzten und in langwierigen Prozessen schließlich zu unserem Mutterplaneten verbacken wurden. So gesehen wären wir alle eigentlich »Außerirdische«, da die Erde aus außerirdischen Zutaten gebildet wurde und weil wir als Menschen ein Teil der Erde sind.
Auf die Frage nach meiner Bestimmung antwortete ich damals: »Und meine Aufgabe ist es, die Liebe in der Welt zu vermehren.« Ich sagte das in vollem Ernst! Und ich glaubte das auch wirklich. Ich war voller Bereitschaft, diese meine Aufgabe zu erfüllen. Noch heute wundere ich mich über den Wagemut, der es mir erlaubte, diese großen Worte zu sprechen. Wie gesagt: Im Seminar darf man das. Wie schade, dass es im echten Leben so wenige Gelegenheiten gibt, die eigentlichen, die tiefsten inneren Bedürfnisse auszusprechen und sich gegenseitig darin zu bestärken, dass man erreichen kann, was man sich vorgenommen hat.
Jahre später hatte ich einen Traum. Es war einer jener Träume, die man nicht vergisst. Ich stand in einer kleinen Kapelle, deren einziger Einrichtungsgegenstand ein rundes, großes Taufbecken aus weißem Alabaster war, in dessen Mitte die Statue einer Göttin stand. Das Taufbecken war leer. Mit mir waren drei Freundinnen im Raum. Im Traum waren sie Priesterinnen, die gekommen waren, um das Taufritual an mir zu zelebrieren.

Da kein Wasser im Becken war, beschlossen wir, dass es eine Feuertaufe werden solle. Wir waren voller Freude. Bevor das Feuertaufritual begann, schlossen wir noch eine Tür. Durch diese hatte nämlich ein schwarz gekleideter Priester kurz seinen Kopf hereingesteckt. Wir wollten nicht gestört werden, deshalb schlossen wir die Tür. Es war wirklich ein sehr eindrucksvoller Traum!

Zufällig träumte ich das in der Nacht zum ersten Mai, also in der Walpurgisnacht. Sie ist für mich eine magische Nacht von besonderer Bedeutung. Vor vielen Jahren durfte ich in jener Nacht eine wunderbare spirituelle Erfahrung machen, die sich unauslöschlich in meinem Gedächtnis eingeprägt hat. Der Ursprung des heutigen Brauchtums rund um die Walpurgisnacht, die Maifeuer, der Maibaum, das Maisingen, der Tanz in den Mai oder die Krönung der Maienkönigin, geht zurück auf uralte matriarchalische Gesellschaftsstrukturen und wurde von der katholischen Kirche so rigoros verfolgt, dass der ursprüngliche spirituelle Hintergrund kaum mehr wiederzuerkennen ist.

Nach jenem Traum habe ich eine ganze Weile gegrübelt, was er zu bedeuten habe, und kam schließlich zu dem Ergebnis, dass ich meine Traum-Taufpatinnen zu einem Fest einladen sollte. Ich besorgte hübsche Einladungskarten, schrieb ganz altmodisch mit der Schneckenpost eine Einladung und bat darum, dem Traum auch eine irdische Dimension zu verleihen und mir dabei zu helfen, den Namen Elisa vollständig anzunehmen – damit ich mir endlich merken kann, wer ich wirklich bin. Und woher ich komme und was ich hier eigentlich soll. Am 20. August 2011 feierten wir dann das Tauffest für Elisa mit Blaubeerkuchen und einem Gläschen Sekt. Wir erzählten einander wundersame Geschichten und Gisela schenkte uns einen Kreistanz und Sufi-Musik. Ursula brachte ein weißes Taufhemdchen, Blumen und Brennnesselsamen, die an unser gemeinsames Lieblingsmärchen »Die wilden Schwäne« erinnerten, in dem die Königstochter ebenfalls Elisa heißt. Wir tauschten miteinander Gedanken über das Wesen edler Frauen, die – wie im Märchen von Elisa und den Schwänen – als Hexen verleumdet worden waren. Wir sprachen über die unglaubliche Heilkraft der Brennnessel und über den Traum von einem leeren Taufbecken, der uns an jenem wunderbaren Sommertag zusammengeführt hatte. Gabriele hatte kostbares Rosenöl mitgebracht und wir salbten einander zu Königinnen, so wie es einst der Prophet Elisa (auch Elisha oder Elischa, ca. 850 v. Chr., siehe 2. Buch der Könige) getan hatte. Seitdem sind wir als Freundinnen auf eine ganz besondere Weise miteinander verbunden.

Von der Elise-Energie erfuhr ich zum ersten Mal im Mai 2014 über eine E-Mail. Die Ankündigung einer »Elise-Fernbehandlung« sprang mir sofort ins Auge. Ich wurde neugierig und entschloss mich spontan, es auszuprobieren. Zur vereinbarten Zeit legte ich mich hin und harrte der Dinge, die da kommen sollten.

Die Redewendung vom »der Dinge harren, die da kommen sollen« hat übrigens ihren Ursprung im Lukas-Evangelium und ich sehe darin einen Zusammenhang mit Elise. Denn es ist die Passage, in der eine große Vision von der Zukunft der Menschheit entsteht, von der wir alle in unserem Kulturraum geprägt sind und auf die viele von uns irgendwie warten.

Vielleicht gehört die Elise-Energie zu jenen Zeichen, die damals von Jeshua (Hebräisch für Jesus) vorhergesagt wurden. Er entfaltete eine überwältigende Vision der Zukunft vor seinen Zuhörerinnen. Er sah, wie Unwürdige sich als »Stellvertreter Gottes auf Erden« ausgeben und versuchen würden, die Menschen zu verführen. »Folgt ihnen nicht!«, sagte Jeshua. Er sah, wie Kriege und Zerstörungen über die Welt hinwegfegen, wie Völker gegen Völker kämpfen, wie Erdbeben, Hungersnöte und Seuchen die Wesen dahinraffen. Die Anhängerinnen der Lehre von einer möglichen anderen und besseren Welt würden verleumdet,

verfolgt, gefangen, gefoltert und getötet. All dies würde sich über Jahrhunderte hinziehen, bis es endlich vollbracht sei. Jeshua sah den Untergang Jerusalems und sagte schließlich seine Wiederkehr voraus. Es würden Zeichen geschehen am Himmel und den Völkern würde angst und bange werden. Die Menschen würden der Dinge harren, die da kommen werden über die ganze Erde. Dann würden sie ihn, Jeshua, kommen sehen, vergleichbar einer Wolke am Himmel, so leicht und doch mit großer Kraft und wunderbarer Herrlichkeit. Wenn wir diese Zeichen erkennen könnten, sollten wir achtsam sein, sagte Jeshua. Dann wird unsere Erlösung kommen und unser Erwachen.
Ich mag mich irren, aber ich meine solche Zeichen immer deutlicher wahrzunehmen. Vielleicht gehört die Elise-Energie zu jenen Vorboten des neuen Morgens, zu den Wahrzeichen des Erwachens und der Erlösung. Für mich fühlt es sich jedenfalls so an.

So lag ich also an jenem Abend, als ich mit der Elise-Energie verabredet war, auf meinem Bett, entspannt und ein bisschen neugierig, und harrte der Dinge, die da kommen werden. Pünktlich zur vereinbarten Zeit wurde mein gesamtes System, Körper und Geist, geflutet von einem unbeschreiblichen Wohlgefühl. Leise, sanft, prickelnd, erfrischend und kraftvoll.

»Wow, was ist das denn?«, dachte ich noch, bevor ich mich ganz dem Genuss der Fernbehandlung hingab.

Die Wirkung hielt zunächst etwa ein bis zwei Wochen an – ich war einfach glücklich und zufrieden, ohne besonderen Grund. Ich fühlte mich wie frisch aufgeladen und konnte mühelos alle Herausforderungen des Alltags bewältigen. Ich bat um eine zweite Fernbehandlung, die ebenfalls sehr wohltuend war. Die Frage »Wow, was ist das denn?« ließ mich indessen nicht mehr los. Ich recherchierte tagelang und erforschte die mir bislang nicht so recht geheure Welt der Medien und Channelings, der Lichtarbeiter und Wesen aus der geistigen Welt.

Die Elise-Energie, so erfuhr ich, sei eine gechannelte Energie. Ich hatte früher gelegentlich schon Channelings gehört und gelesen, besonders im Vorfeld des 21. Dezember 2012, konnte aber nicht besonders viel damit anfangen. Manche dieser Channelings fand ich inspirierend, die meisten aber irgendwie banal. Die Elise-Energie aber war keineswegs etwas Banales. Sie fühlte sich ausgesprochen gut an und ich hatte mir meine Empfindungen definitiv nicht eingebildet. Ich wollte unbedingt genauer wissen, womit ich hier Bekanntschaft gemacht hatte.

Was ist die Elise-Energie?

Die Elise-Energie wurde im Jahr 2007 erstmals von dem Medium Nama'Him gechannelt und dann nach und nach für uns zugänglich gemacht. Als Heilmethode ist Elise also noch recht jung und es wird bestimmt noch ein paar Jahre dauern, bis sie sich etabliert hat.

Die Elise-Energie an sich ist jedoch nichts Neues, sondern in der Traditionellen Chinesischen Medizin unter dem Namen »Qi des früheren Himmels« wohlbekannt. Neu ist jedoch, dass wir diese spezielle Art von Energie jetzt wieder auftanken können, was vorher nicht möglich war.

Der Name »Elise« ist im Andenken an jenes Klavierstück von Ludwig van Beethoven gewählt worden. Ebenso wie die Melodie fühlt sich auch die Elise-Energie sanft und doch kraftvoll und voller Liebe an. Gefühle sind jedoch schwer zu beschreiben. Deshalb sollten wir erst einmal das Wort »Energie« untersuchen.

Die Liebe als kosmische Energie

Der Begriff »Energie« entstand im antiken Griechenland und bedeutet ἐν (*en*) »innen« und ἔργον (*ergon*) »Wirken«. Also ein Wirken von innen heraus oder nach innen hinein. Er hat jedoch nicht nur eine naturwissenschaftliche Bedeutung. In der Philosophie, genauer gesagt in der Religionsphilosophie, gibt es die wunderschöne These des Pierre Teilhard de Chardin (1881–1955) von der Liebe als *kosmische* Energie. Seine Beschreibung von Energie passt aus meiner Sicht sehr gut mit der Elise-Energie zusammen.

Teilhard war ein Pionier des heutigen Zeitgeistes und sein Gedanke von der Liebe als kosmische Energie ist sowohl methodisch als auch intuitiv fassbar. Er vereinte in seinem Geist tiefe Spiritualität mit weitreichenden naturwissenschaftlichen Erkenntnissen. Sein Anliegen war es, den Geist zu verbreiten, den er sowohl in Visionen als auch durch seine Überlegungen erfahren hatte. Für ihn waren schon damals Geist und Materie keine getrennten, entgegengesetzten Dinge, sondern zwei Seiten einer Medaille. Allerdings vertrat er diese Auffassung nicht auf der metaphysischen Ebene, sondern näherte sich dem Verständnis dieser »Medaille« über das Thema Evolution.

Zu seiner Zeit galt für die katholische Kirche

eine wortgetreue Auslegung der Bibel. Besonders wichtig war es Rom damals noch, dass Eva aus einer Rippe des Adam erschaffen wurde und nicht etwa als eigenständiges Wesen. Dass der Freigeist Teilhard in Konflikt mit der Kirche geraten würde, war absehbar. 1926 verlor er seinen Lehrstuhl wegen einer theologischen Arbeit über die Erbsünde. Seine literarischen Werke wurden von der römischen Zensur aufgrund von »falschen Glaubensansichten, die die Grundlage der katholischen Lehre zu untergraben drohen« verboten.

Teilhard ging davon aus, dass die Lebenskraft, die »Liebe als kosmische Energie«, der eigentliche Impulsgeber für die evolutionäre Entwicklung sei. Da der Kosmos im Großen und der Mensch im Kleinen auf ein Ziel zustrebe, nämlich auf Verwirklichung in der Vereinigung, meinte Teilhard, dass es eine Energie geben müsse, die die Bewegung auf so ein Ziel hin überhaupt erst möglich macht. Denn Energie ist die Kraft, die etwas in Bewegung setzt. Nur die Liebe (des Schöpfergottes) könne dieser Kraft innewohnen und er glaubte, diese Liebe überall zu entdecken, in jeder Blume, jedem Tier und jedem Menschen. Die Visionen des liebenden Christus, die er inmitten des barbarischen Ersten Weltkriegs während seines Dienstes als Sanitäter erfahren hatte, mögen wohl der leitende Impuls für seine Gedanken gewesen sein.

Er fasste die Liebe offenbar ganz konkret als eine allumfassende, kosmische Energie auf.
So schreibt er in seinem Buch *Der Mensch im Kosmos,* die Liebe sei nicht auf den Menschen beschränkt. Auf vielerlei Weise, so Teilhard, üben Lebewesen eine Anziehungskraft aufeinander aus. Die Liebe sei somit eine Grundeigenschaft des Lebens selbst. Sie zielt auf die Vereinigung der jeweils kleineren Organismen zu etwas Größerem ab. Moleküle streben zueinander und bilden höhere Einheiten, die Zellen, und schließlich Lebewesen. Tiere und Pflanzen formen größere Verbände, ebenso wie Menschen nicht nur als Paare zueinanderstreben, sondern vielfältige Kooperationen eingehen, um sich zu einem größeren Ganzen zusammenzuschließen.

Die Gedanken von Teilhard, diesem Giganten des Geistes, passen für mich ganz wunderbar zur Elise-Energie. Ich vermag die ungeheure Kompliziertheit solcher Denker vielleicht allenfalls am Rande nachzuvollziehen und werde die Details wahrscheinlich nie verstehen. Doch das muss ich auch nicht. Ich bin Schriftstellerin, keine Theologin oder Physikerin. Ich liebe Worte. Ich möchte ergründen, was hinter den Begriffen steckt, und ich kann mich lange Zeit an ein paar wenigen Worten erfreuen, wenn sie mein Innerstes ansprechen. Teilhards Worte von der »Liebe als kosmische Energie« gehören zu dieser Sorte.

Worte können ungeahnte Kräfte entwickeln. Sie fliegen dahin wie ein Pfeil und treffen mitten in ein Herz. Wenn wir hineinspüren in den Ausdruck von der »Liebe als kosmische Energie«, schmilzt er auf der Zunge und verströmt den Geschmack von dem, was er meint. Unser Geist wird davon genährt und ich versuche, einen bescheidenen Beitrag zu leisten, damit solch wunderbare Worte in ihrem Glanz die Welt erhellen mögen.

In den sogenannten esoterischen Kreisen ist Teilhards Vorstellung von der Liebe als kreative, schöpferische und spontan entstehende Lebenskraft übrigens fast schon selbstverständlich geworden. Mit den Begriffen von der »Liebe als kosmische Energie« und der »Lebenskraft« schlägt Teilhard auch eine Brücke zur fernöstlichen Vorstellung vom feinstofflichen Prana (Sanskrit: »Lebenshauch«) oder dem Qi (Chinesisch für »Energie«, »Atem«, »Kraft«).

Das Qi des früheren Himmels

Hinter dem Wort »Qi« steckt ebenfalls ein tiefgründiges und vielfältiges Gedankengebäude. Das Konzept des Qi wurde ursprünglich in China erstellt. Qi ist ein wesentlicher Bestandteil der Lehre vom Dao, das bei uns im Westen gern mit »Weg« übersetzt wird. Dao ist eigentlich ein Hilfswort für das Namenlose, das Unbegreifliche, zu dessen Erkenntnis wir unterwegs sind. Qi ist die Energie, die dem Namenlosen zum Ausdruck verhilft, das diesen Ausdruck immerzu spontan in Bewegung versetzt. Der Tanz des Dao mit dem Qi lässt alle Welten und alle Wesen erscheinen.

Wir können uns dem Verständnis von Qi annähern, wenn wir es mit der Bewegung des Atmens vergleichen: Ein und Aus, Kommen und Gehen, Entstehen und Vergehen. Nicht nur das Lebendige ist von Qi erfüllt und wird von Qi begleitet, sondern überhaupt alles, was existiert. Nicht nur die Wesen entstehen und vergehen, auch die Berge, die Planeten, Sonnen und selbst die Galaxien. All das wird im Innersten von Qi bewegt und ruht zugleich im Dao. Im Gegensatz zu einem Berg oder einem Gänseblümchen haben wir Menschen jedoch die Möglichkeit, sowohl das Dao als auch das Qi klar zu erkennen und wahrzunehmen. Dao, das Namenlose und Unbewegte, können wir in tiefer Meditation erfahren. Mit dem Qi können wir uns verbinden, indem wir uns bewusst dessen Bewegungen anpassen. Wir können mit dem Qi fließen, damit eins werden. Wenn wir mit dem Qi in Fluss sind, wird unser Leben leichter, unser Geist ruhig und klar und das Schiff unseres Herzens genießt eine gute Fahrt.

In der Lehre vom Dao ist von drei Schätzen die Rede, von verschiedenen Energieformen, die grob, fein oder äußerst fein sein können. Zum ersten Schatz gehört das »Qi des früheren Himmels«, auch vorgeburtliches Qi oder Jing genannt. Es handelt sich dabei um das reine Potenzial. Das ist für uns von besonderer Bedeutung, denn dieser erste Schatz ist gleichbedeutend mit der Elise-Energie. Das Qi des früheren Himmels konnte bisher nicht regeneriert werden. Dank der Elise-Energie ist dies nun möglich.
Der Vollständigkeit halber erwähne ich auch die beiden anderen Schätze: Der zweite Schatz ist das »Lebens-Qi« und wird oft verallgemeinernd einfach »Qi« genannt. Damit sind die unsichtbaren Ströme gemeint, die unseren Körper durchziehen. Mit Atmung, Nahrung und Lebensführung beeinflussen wir die Bewegungen der Qi-Ströme in uns. Wenn wir uns bei der Gestaltung unseres Lebens gegen die innewohnende Kraft des Qi stellen, also gegen die Liebe, dann kommt es zu Blockaden und Störungen. »Schmerz ist der Schrei des Körpers nach fließendem Qi«, sagen die alten Dao-Meister. Der dritte Schatz heißt Shen und damit ist das höchste Bewusstsein gemeint, das kosmische, uni-

verselle Bewusstsein. Er ist das allerfeinste Qi und die höchste Intelligenz, der höchste und feinste Geist.

Wenn wir auf die Welt kommen, haben wir einen Vorrat an Energie auf der einen Seite: die Elise-Energie, den ersten Schatz, unser Potenzial. Auf der anderen Seite gibt es das Qi, das unserem Leben durch Nahrung, Atmung, Bewegung etc. von der Welt hinzugefügt wird, den zweiten Schatz. Wenn wir mit dem zweiten Schatz unvernünftig umgehen, greift unser System auf den ersten Schatz zurück und nimmt sich davon, um das System zu erhalten. Das bedeutet, dass sich bei unangemessener Lebensführung beide Schätze schneller erschöpfen und wir womöglich sterben, ohne unsere Potenziale verwirklicht zu haben. In den klassischen Dao-Lehren heißt es, dass jenes vorgeburtliche Qi, also die Elise-Energie, nicht erneuert werden kann und dass es in unserem Leben darum geht, diesen Energiestrom möglichst sinnvoll zu nutzen.

Die Elise-Energie kann man sich vorstellen wie ein Elixier, in dem wir alle gebadet haben, bevor wir auf die Welt kamen. Das mag ein Grund sein, weshalb sich viele Menschen spontan mit der Elise-Energie vertraut fühlen: weil wir diese Energie bereits kennen! Wir können die Elise-Energie auch mit einem geerbten Bankkonto vergleichen,

das wir anlässlich unserer Geburt bekommen haben. Wir haben es als Mitgift erhalten, aber wenn wir unvernünftig damit umgehen und das Geld verprassen, sind wir bald pleite. Ein Mensch inkarniert also mit einem persönlichen Vorrat an Elise-Energie auf der Erde und muss damit haushalten. Das ist unser erster Schatz. Dieses individuelle Qi wird auch gelegentlich mit dem Karma eines Menschen in Verbindung gebracht.
Wie wir den zweiten Schatz, das Lebens-Qi oder auch »Qi des späteren Himmels«, in unserem Leben nutzen, liegt – zumindest im relativ reichen Europa – weitgehend in unserer eigenen Verantwortung. Bei einem klugen Umgang mit den Energien müssten wir unseren ersten Schatz nicht angreifen, um Stress auszuhalten, mit dem wir möglicherweise konfrontiert sind. Wir könnten stattdessen unsere mitgebrachte Elise-Energie vollständig zur Entfaltung unserer Potenziale nutzen. Denn Elise-Energie ist unser Potenzial. Es ist die Energie, die aktive Kraft, die uns dazu bewegt, unsere Träume und unsere höheren Ziele Wirklichkeit werden zu lassen. Es ist der Stoff, der uns zur Verfügung steht, damit wir unseres Glückes Schmied werden, damit wir unser tiefstes, innerstes Wesen zum Ausdruck bringen können.
Wir sind jedoch Umständen unterworfen, die es uns schwer machen, unser Leben im Einklang mit

den verschiedenen Formen von Qi zu gestalten. Unsere Gesellschaft neigt – noch – sehr dazu, vieles, was uns krank macht, zu fördern: Die Fleischproduktion wird zum Beispiel mit Subventionen in Milliardenhöhe gefördert, der Anbau von Bio-Gemüse eher nicht! Unsere Atemluft ist stark verschmutzt, doch die Politik kommt gegen die Interessen der Schmutz verursachenden Wirtschaft nicht an. Wir sind oft gezwungen, sinnlose oder zerstörerische Tätigkeiten zu verrichten oder in einem Umfeld zu arbeiten, in dem wir unglücklich sind, nur um unsere Existenz zu sichern. Uns wird nicht beigebracht, wie wir unsere Liebes- und Familienbeziehungen besser gestalten können und viele ungünstige Faktoren mehr. Das alles ist nicht im Einklang mit dem Dao, dem Namenlosen, das wir in unserer christlich geprägten Kultur vielleicht eher »Gott« nennen würden. Und es ist nicht in Einklang mit dem Qi, mit der Energie, die uns auf unser Ziel hinbewegt. Was ist dieses Ziel? Meine Antwort lautet: Die Entfaltung unserer gesamten menschlichen Potenziale!

Ich glaube, dass unsere Potenziale unendlich sind und dass wir eigentlich Wesen voller Mitgefühl und Weisheit sind. Jeshua nannte uns »Söhne und Töchter Gottes«! Wir haben das Zeug dazu, aus unserem Planeten ein echtes Paradies zu machen. Wir haben die Fähigkeit, unsere Beziehungen liebevoll und harmonisch zu gestalten. Wir können als Einzelwesen vollständig erwachen und als Kollektiv auch den Weltfrieden erreichen. Solche Sätze mögen vielleicht angesichts des realen Weltgeschehens oder unseres persönlichen Leids wie naive Träume klingen. Ich kann mich dennoch immer wieder dafür begeistern. Die Elise-Energie kann uns dabei unterstützen, solche Ziele erneut in das Zentrum unserer Aufmerksamkeit zu rücken und vielleicht in diesem Leben noch zu erreichen. Denn mit der Elise-Energie können wir unser geplündertes energetisches Bankkonto wieder auffüllen. Sie gibt uns die Kraft, auf unserem Weg weiterzugehen und dabei unsere Energievorräte für unsere persönlichen und gemeinschaftlichen höheren Ziele einzusetzen. Wir können uns dank der Elise-Energie nach und nach von Schmerzen und Traurigkeit befreien, wir können wieder zu Lebensfreude und Zuversicht gelangen. Mittels der Elise-Energie wird unser »göttliches Erbe« wieder aufgefüllt, auch wenn wir es bereits ausgegeben haben sollten.

Die Möglichkeit des Auftankens mit Elise-Energie erinnert mich an das schöne Gleichnis vom verlorenen Sohn aus dem Lukas-Evangelium (Lukas 15,11–32). Der jüngere von zwei Söhnen erbittet vom Vater sein Erbteil, geht damit ins Ausland und lebt in Saus und Braus, bis nichts mehr übrig ist. Wie unschwer zu erraten ist, gerät er dann in Not und muss sich als Schweinehirte verdingen. Schließlich beneidet er sogar die Schweine um ihr Futter, denn er selbst wird nicht satt von seinem kärglichen Lohn. Da erinnert er sich daran, dass selbst die Tagelöhner auf dem Hof seines Vaters ein besseres Leben haben als er. Daraufhin bereut er sein Lotterleben und macht sich auf den Weg zurück in die Heimat. Zu Hause angekommen erkennt ihn der Vater schon von Weitem, läuft ihm entgegen und umarmt ihn voller Freude. Er sieht die Reue und die guten Absichten seines Sohnes und richtet anlässlich der Heimkehr des verloren geglaubten Kindes ein großes Fest aus. Als der ältere Bruder, der zu Hause zuverlässig alle anfallenden Arbeiten getan hat, von der Feldarbeit zurückkommt, ist er zunächst gekränkt. Denn ihm zuliebe, der immer treu und ordentlich war, hat der Vater noch nie einen Festschmaus veranstaltet. Am Ende jedoch sind alle glücklich, weil der Vater so ein großzügiger Mann ist, der seinem Jüngsten das Fehlverhalten nicht nachträgt, sondern der Freude über dessen Einsicht und Umkehr freien Lauf lässt. Der redliche ältere Bruder verliert auch nichts von seinen Qualitäten, wenn der kleine Bruder sein Fehlverhalten einsieht und ein neues Leben beginnt. Da er sich von seiner Eifersucht befreit und sich schließlich ebenfalls über

die Heimkehr des Bruders freut, gewinnt er sogar noch eine Qualität dazu, die Mitfreude.
So ähnlich wie das große Herz dieses Vaters und des älteren Bruders stelle ich mir auch die kosmische Kraft vor, die es uns ermöglicht, mit Elise unsere Lebenskraft aufzufrischen.
Anfangs habe ich von den drei Schätzen und von jenem feinsten Qi gesprochen, dem dritten Schatz, dem kosmischen Bewusstsein. Während die ersten beiden Schätze sich im einzelnen Lebewesen hier auf der Erde entfalten, ist das kosmische Qi die Kraft, die sich im gesamten Universum ausbreitet und zeigt. Da wir ein Teil des Universums sind, ist der dritte Schatz auch in uns, aber er ist so fein, dass wir ihn nicht so leicht wahrnehmen können. Alle drei Schätze gehören zusammen, sind miteinander verwoben und wirken in uns. Im Idealfall sind alle drei Schätze ausgeglichen und voll aktiv. Ist einer der drei jedoch schwach, schwächt er damit auch die anderen Schätze. Wird die Elise-Energie gestärkt, werden damit automatisch auch das Lebens-Qi und das universelle Bewusstsein gestärkt.
Wenn wir die Frage stellen, wer uns die Elise-Energie eigentlich als »Medizin« für unsere Regeneration und Heilung anbietet, müssen wir unseren Blick in die Ferne richten, in die unendlichen Weiten des Universums. Denn von dort kommt die Elise-Energie.

Woher kommt die Elise-Energie?

Von einem Medium gechannelte Heilenergie

Dass uns die Elise-Energie jetzt zum Auftanken unserer verbrauchten Qi-Reserven zur Verfügung gestellt wird, verdanken wir einem jungen Mann: André Nama'Him Meyr. Nama'Him ist der spirituelle Name von André Meyr und bedeutet »der kosmische Bote«. Er ist ein begnadetes Medium. Sein Weg führte ihn über die Ausbildung zum systemischen Familientherapeuten und Reiki-Meister zu seiner jetzigen Lebensaufgabe als Medium und Kanal für feinstoffliche Formen von Bewusstsein. Nama'Him lehrt und arbeitet seit 2001 in eigener Praxis in Rosenheim. Die Elise-Energie ist also eine von einem Medium gechannelte eigenständige Methode zur Übertragung heilsamer Energie.

Zunächst möchte ich in diesem Zusammenhang erklären, was ein Medium und was ein Channeling ist. Das Wort »Medium« stammt vom lateinischen *medius* und bedeutet »in der Mitte, vermittelnd«. Als Person stellt ein Medium Kontakt her zu Wesen, die gewöhnliche Menschen nicht wahrnehmen, da sie feinstofflich und für unsere Augen unsichtbar sind. Das Medium wirkt dabei als Vermittler und Botschafter, es ist aktiv (es sieht, hört oder spürt) und passiv zugleich, denn es hält das eigene Ego zurück und wird so von feinstofflichen Wesen wohl ebenfalls wahrgenommen, gehört, gesehen und gespürt. Ein Medium versteht sich selbst meist als Werkzeug, das einer Botschaft zu Geltung verhilft.

Auf dem Weg über ein Medium wurden ganze Weltreligionen begründet. Die Offenbarung des Johannes, das letzte Buch des Neuen Testaments, wurde von einem Visionär empfangen, aufgeschrieben und verbreitet. Heute würde man sagen: von einem Medium gechannelt. Moses empfing auf dem heiligen Berg Horeb die Botschaft seines Gottes von einer Stimme, die über einem brennenden Dornbusch zu ihm sprach. Die Stimme forderte ihn auf, sein Volk aus der Gefangenschaft in die Freiheit zu führen, in das verheißene Land. Die Zehn Gebote sind dem Medium Moses von seinem Gott offenbart worden. Es heißt von Moses in den alten Schriften, dass sein ganzer Körper strahlte und dass die Israeliten deshalb Angst vor ihm hatten. Deswegen habe er nach seinen »Channelings« sein Gesicht verhüllt, um so

die Trennung zwischen seiner Rolle als »Medium« einerseits und andererseits als alltäglicher Mensch deutlich zu machen.
Der Islam entstand durch die Aktivitäten des Propheten Mohammed, ihm wurde die Heilige Schrift, der Koran, vom Erzengel Gabriel übermittelt.
Die religiöse Gemeinschaft der Mormonen bezieht sich auf das Medium Joseph Smith, dem ein Engel namens Moroni erschien und Zugang zu Goldplatten gewährte, die aus dem Jahr 500 v. Chr. stammen sollen. Joseph Smith hat die Aussagen auf diesen Goldplatten ins Englische übertragen: So entstand das Buch Mormon, die Heilige Schrift der Mormonen.
Im tibetischen Buddhismus ist das Wirken von Medien bis heute fester Bestandteil der Kultur. Sowohl die tibetische Exilregierung als auch der Dalai Lama ziehen ein Medium zurate, wenn es um wichtige Entscheidungen geht. Das Medium dient dann als Sprachrohr einer Gottheit und hinterlässt eine Botschaft für die Fragenden. Die regelmäßige Pflege der geistigen Verbindung zu Gottheiten oder erleuchteten Wesen aus anderen Sphären ist im tibetischen Buddhismus Teil der spirituellen Praxis für Fortgeschrittene. Diese Praxis dient jedoch nicht dem Übermitteln von Botschaften, sondern dem Erreichen der eigenen Erleuchtung zum Wohl aller Wesen.

In Brasilien werden die Aussagen von Medien sogar in der Rechtsprechung genutzt und in vielen Fällen anerkannt. Einige spektakuläre Mordfälle wurden mithilfe von Medien aufgeklärt. Sie stehen in Brasilien unter dem besonderen Schutz des Staates und es gibt sogar ein Gesetz, das Menschen mit paranormalen Fähigkeiten Hilfe bei sozialen Widrigkeiten zusichert.
Carl Gustav Jung (1875–1961), der berühmte Schweizer Psychiater, wurde in seinem Lebensweg und Werk von zwei feinstofflichen Gestalten entscheidend beeinflusst, Salome und Philomen. Er sah in ihnen Imaginationen des damals gerade entdeckten Unbewussten. Er hat – vielleicht gerade wegen seiner medialen Begabung – mit seinem Lebenswerk eine herausragende Wirkung entfaltet, nicht nur in der Psychiatrie, sondern auch in der Psychologie, der Religionswissenschaft, der Kunsttherapie und anderen Fachgebieten.

Wir sehen also: Sobald sich eine gechannelte Botschaft etablieren konnte, die ein Medium von einem Engel oder anders genannten feinstofflichen Wesen erhalten hat, ist die Botschaft nicht mehr sonderbar und auch nicht mehr beängstigend. Solange die Botschaft aber neu und ungewöhnlich ist, wird sie mit Skepsis betrachtet und der Bote bisweilen verfolgt.

Engel Nathaniel und die Elise-Engel

Nama'Him, der kosmische Bote und Überbringer der Elise-Energie, ist ein Vertreter der sogenannten neuen, jungen Spiritualität, die keiner bestimmten Religion zugehörig ist. Jede Religion wird von dieser neuen spirituellen Bewegung in ihrem Kern geachtet, aber niemand muss Mitglied werden, um zum Beispiel mit der Elise-Energie selbst in Kontakt treten zu können.

Wie lautet nun die Botschaft, die Nama'Him verkündet? Dabei spielen nicht Worte, wie es bei Medien wie Moses der Fall war, sondern eine Energie eine wesentliche Rolle: Allgemein handelt es sich um die Übertragung von Liebe als kosmischer Energie und im Speziellen um die Regeneration des verbrauchten Qi des früheren Himmels.

Diese Energie wird von den Elise-Engeln unter der Leitung des Engels Nathaniel übertragen. Laut Nama'Him ist der Engel Nathaniel der Hüter der Heilungsfrequenzen. Das Wort Frequenz bedeutet »Häufigkeit« und ich gehe davon aus, dass mithilfe der Elise-Energie auch die Häufigkeit von Heilerfolgen erhöht werden kann. Dies wird sich erst in der Zukunft zeigen, meine bisherigen Beobachtungen deuten jedenfalls stark in diese Richtung.

Der Engel Nathaniel verkündete durch das Medium Nama'Him, dass er einen Sitz auf dem Planeten Sirius innehabe und dass ganze Heerscharen von Engeln von ihm ausgebildet und unterrichtet werden. Die Elise-Engel und Nathaniel als der große Heiler-Engel sind Namen für Erscheinungen, die einer feinstofflichen Ebene angehören, zu der wir mit unseren grobstofflich ausgerichteten Sinnesorganen normalerweise keinen Zugang haben. Für mich ist ein Engel ein feinstoffliches energetisches Wesen, das mit Fähigkeiten ausgestattet ist, von denen wir Menschen nur träumen können. Der Begriff Engel kommt im Judentum, Christentum und Islam vor. Hinduismus, Buddhismus und Schamanismus kennen keine Engel, jedoch andere Benennungen für feinstoffliche Wesen. Buddhisten sprechen zum Beispiel von Dakinis (weiblich) und Dakas (männlich) und meinen damit vollständig erleuchtete Wesen geistiger Natur. Sowohl Dakinis als auch Engel haben beispielsweise gemäß den Überlieferungen die Fähigkeit, menschliche Gestalt anzunehmen und so Belehrungen zu erteilen. Der Engel Raphael etwa erschien dem Tobias als gewöhnlicher Wanderer, ging mit ihm ein Stück des Weges und zeigte ihm, wie er seine Geliebte von einem Dämon erlösen konnte. Dem großen buddhistischen Meister Naropa erschien eine Dakini als alte hässliche Frau, die ihm zu der Einsicht verhalf, dass ihn all sein intellektuelles Wissen auf der Suche nach Erleuchtung nicht weiterbringen würde. Sie schickte ihn zu Meister Tilopa. Jahre später erlangte er endlich den Durchbruch, als ihm Meister Tilopa einen alten Schuh auf den Kopf schlug. Das war die Antwort des Meisters auf Naropas Frage nach einer weiteren Belehrung.

Der wesentliche Unterschied zwischen östlicher und westlicher Vorstellung von feinstofflichen Wesen dürfte sein, dass Engel im Christentum hierarchisch einem höchsten Gott unterstellt sind, dem sie dienen und gehorchen. Dakinis dagegen sind absolut freie Wesen jenseits einer Hierarchie. Die Benennung und die zugehörige religiöse Lehre erzeugen also – in unserem eigenen Geist – unterschiedliche Wesenheiten. Ob diese Wesenheiten jedoch tatsächlich von ihrer Seite her so existieren, wie die jeweiligen Religionen es lehren, sei einmal dahingestellt. So gibt es Unterschiede, aber auch viele Ähnlichkeiten. Sowohl die Engel der monotheistischen Religionen als auch die Dakinis im Buddhismus helfen den Menschen, die in ihrem Innersten nach Befreiung und Vollendung streben. Sie zeigen sich einem Menschen manchmal ganz unverhofft und spontan, ein anderes Mal im Verlauf von speziellen spirituellen Übungen.

In den Naturreligionen spricht man von *Spirits*, wenn unsichtbare Wesenheiten gemeint sind, und wir sind noch weit davon entfernt, eine für alle Religionen allgemein akzeptable, gültige Benennung für die feinstofflichen Wesen und Welten gefunden zu haben. Solche Bezeichnungen helfen uns allerdings, damit unser Verstand spirituelle Erfahrungen zuordnen kann. Das Wesentliche bleibt jedoch die Erfahrung selbst und nicht der Begriff. Immer mehr Menschen berichten zum Beispiel, dass sie feinstoffliche Wesen mit ihren eigenen Augen als Lichtwesen sehen durften. Das Wesentliche ist der tiefe Eindruck im Geist, der bei einem solchen »Sehen« entsteht. Die Zuordnung des Gesehenen in ein logisches Konzept ist zwar auch wichtig, damit man nicht meint, man wäre nun verrückt geworden. Das Wesentliche aber ist meines Erachtens die Erfahrung und nicht das Konzept, das diese erklärt.

Wenn wir Bekanntschaft mit der Elise-Energie machen, wird allerdings nicht hauptsächlich das Sehen feinstofflicher Bereiche angeregt, sondern der Teil unseres feineren Bewusstseins aktiviert, der für das Fühlen zuständig ist. Wir sehen die Elise-Engel normalerweise nicht, sondern wir spüren sie über die Berührung.

Jeder Mensch, der sich gerufen und hingezogen fühlt, kann Kontakt aufnehmen und selber hinspüren. Elise ist – im Normalfall – deutlich als ein ganz spezielles Gefühl wahrnehmbar, insbesondere bei Direktbehandlungen. Der unmittelbare persönliche Eindruck, der zwischen einer Elise-Heilerin, die als Vermittlerin der Elise-Energie dient, und ihrem Klienten bei der Behandlung entsteht, ist unübertrefflich. Ich hatte bisher nur einmal bei einer direkten Elise-Behandlung den Eindruck, dass mein Klient Elise nicht spüren konnte. Er nahm lediglich eine gewisse angenehme Entspannung wahr. Ich hatte die Behandlung verschenkt und dabei ignoriert, dass die Person große Skepsis in Bezug auf solche Heilmethoden hegt. Ich glaube, dass die Mauer, die in diesem Fall schon sehr lange mental errichtet war, für die Elise-Energie undurchdringlich war. Ich habe daraus gelernt, dass es keinen Sinn macht, in meiner Begeisterung solche Behandlungen jemandem aufzudrängen, wenn das innere Einverständnis gar nicht vorhanden ist. Ich würde sagen, die Elise-Engel waren deutlich achtsamer als ich und haben sich in diesem Fall zurückgezogen. Sie respektieren es natürlich, wenn jemand in seinem Innersten gar keinen Kontakt wünscht.

Mein gerade erwähnter Patient ist wohl schon sein Leben lang ein Skeptiker in Bezug auf religiöse Dinge. Er ist sicher nicht der einzige. Weit verbreitet ist auch die Skepsis in Bezug auf Heilmethoden aus dem Bereich der neuen, jungen Spiritualität. Das hat bestimmt auch damit zu tun, dass hier frohgemut die Existenz von Überirdischen und Außerirdischen durcheinandergewürfelt wird und weit und breit niemand zu sehen ist, der uns dabei hilft, die reinen Bereiche von reinem Unfug zu unterscheiden. Was ist davon zu halten, dass das Medium Nama'Him die Botschaft channelte, der Engel Nathaniel habe quasi einen Lehrstuhl im Fach Heilungsfrequenzen für Engel-Azubis im acht Millionen Lichtjahre entfernten Sirius-System inne? Sind Nathaniel und die Elise-Engel gar Außerirdische?

Wenn von Überirdischen und Engeln die Rede ist, ist das für relativ viele Menschen akzeptabel. Wenn dagegen von »Wesenheiten vom Sirius« gesprochen wird, verabschieden sich die meisten. Meine Beobachtung ist, dass das Wort »Überirdische« auf deutlich weniger Widerstand trifft als das Wort »Außerirdische«. Das hat mit unserer Prägung zu tun. Der Glaube an Überirdische und an Engel ist von den großen monotheistischen Religionen über Jahrtausende hinweg etabliert worden. Man »darf« quasi offiziell an Engel glauben. Wer aber an die Existenz von »Sirianern« glaubt, wird milde belächelt.

Giordano Bruno (1548–1600), ein Priester, Philosoph, Dichter und Astronom, wurde nach siebenjähriger Kerkerhaft zum Tod durch den Scheiterhaufen verurteilt, nur weil er davon überzeugt war und öffentlich darüber sprach, dass es unendlich viele Welten und zahllose Bewohner dieser Welten geben müsse. Es mag uns heute so vorkommen, als wären die vierhundert Jahre seit Giordano Brunos Tod eine Ewigkeit her, aber es sind nur ein paar Generationen.

Außerirdische sind in unserer Vorstellung eher materielle Wesen, die in Raumschiffen unterwegs sind, deren Technik der unseren weit überlegen ist. Dass Außerirdische womöglich identisch mit Überirdischen sein könnten, dieser Gedanke ist uns fremd. Durch den Kontakt mit Elise hat diese Idee für mich allerdings eine gewisse Wahrscheinlichkeit bekommen. Meine Logik sagt mir: Es muss viele verschiedene Welten und Wesen geben. Dass wir diese Wesen nicht sehen können, heißt nicht, dass sie nicht da sind. Das Universum ist so unendlich groß – wie vermessen ist es da, zu meinen, wir Menschen wären die Einzigen mit intelligentem Geist weit und breit. Noch dazu sind wir als Kollektiv nicht einmal schlau genug, unsere eigenen Lebensgrundlagen zu bewahren. Wir könnten Hilfe von klügeren Wesen durchaus gebrauchen.

Von mir aus dürfen feinstoffliche Wesenheiten vom Sirius gerne Kontakt aufnehmen und mir dabei helfen, mein Potenzial weiter zu entfalten. Ich vermute außerdem, dass »Sirius« nur ein Wort ist, um eine große Distanz darzustellen. Diese Entfernung kann auch geistiger Natur sein. Es wäre doch gut, wenn diese Art von Kontakt der Erweiterung unseres Bewusstseins und damit auch dem Überleben der Menschheit und der Regeneration unseres Planeten dient.

Ich nutze jede Chance, um diesem Ziel näher zu kommen. Für mich persönlich ist auch von großer Bedeutung, dass ich in Bezug auf diese Fragen Rückhalt bei meinen tibetischen Meistern finde. Geshe Rabten (1920–1986), einer der bedeutendsten tibetischen Meister, der lange Zeit dem Dalai Lama als philosophischer Assistent diente, beschreibt die Umstände bei der Entstehung des Herz-Sutra, der bedeutenden Lehrrede des Buddha. Geshe Rabten äußert die Vermutung, dass während der Lehrrede nicht nur die genannten Personen anwesend waren, sondern auch zahlreiche Wesen aus anderen Welten. Einige dieser Welten wären unrein im Sinne von nicht gänzlich frei von Verblendungen wie Gier, Hass oder Unwissenheit. Andere Welten hingegen wären reine Bereiche und ihre Bewohner befreit vom Kreislauf von Tod und Wiedergeburt. Immer wenn ein Buddha eine Lehrrede hält, strahlt sein Herz bis in die entferntesten Bereiche des Universums. Diese

Lichtstrahlen erzeugen Schwingungen und treffen auf Wesen, die fähig sind, sie wahrzunehmen. So wussten die reinen Wesen von der Lehrrede über die vollkommene Weisheit. Viele seien dann spontan erschienen, in ihrer jeweiligen Form als Gottheit oder Dakini.

Die Elise-Energie und Reiki im Vergleich

Für diejenigen, die Reiki bereits kennen, wirken das Wissen über Reiki und die Erfahrungen damit wie eine Brücke zu Elise. Das ursprünglich aus Japan stammende Reiki ist eine populäre Form des Handauflegens, mit der heilsame Energie auf sich selbst oder andere übertragen wird.

Der Begriff »Reiki« ist eine Wortschöpfung von Mikao Usui (1865–1926), dem Begründer dieser Heilmethode. Das Wort setzt sich aus den beiden japanischen Schriftzeichen »rei« und »ki« zusammen. »Rei« bedeutet »universell, allumfassend, unendlich« und »ki« heißt »Lebenskraft« oder »Lebensenergie«. Mit dem Wort Reiki wird ausgedrückt, dass alles, was ist, im unendlichen Universum von der Kraft des »Ki« bzw. »Qi« belebt, durchdrungen und bewegt wird. Durch die Anwendung von Reiki kann die Gesunderhaltung und die Wiederherstellung von Gesundheit gefördert werden. Die Fähigkeit, sich zu entspannen und auf gute, geistige Kräfte zu vertrauen, wird gestärkt.

Unterschiede zwischen der Elise-Energie und Reiki

Reiki und Elise sind eng miteinander verwandt, beides ist Qi, die Kraft, die sowohl ganze Galaxien als auch die kleinste Ameise bewegt. Bei Reiki handelt es sich eher um eine Grundform von Qi, die Elise-Energie hingegen ist das spezielle, bereits erklärte vorgeburtliche Qi oder Jing. Dieser Vergleich mag den Unterschied zeigen: Reiki ist wie Luft – Elise ist wie der Sauerstoff in der Luft. Die Elise-Energie fühlt sich anders an als Reiki-Energie. Das hat bisher jeder bestätigt, der Erfahrungen mit diesen beiden Arten von Qi gemacht hat. Die Elise-Energie fühlt sich »dichter« an, irgendwie erdiger. Sie wirkt noch tiefer in die körperliche Ebene hinein als Reiki.

Die Wahrnehmung von größerer oder geringerer »Dichte« bei feinstofflichen Phänomenen steht übrigens im Einklang mit der traditionellen Lehre vom Qi. Es gibt demnach dichtere, feinere und äußerst feine Arten von Qi-Energie. Die Reiki-Energie fühlt sich jedenfalls feiner und leichter an als die Elise-Energie.

Ich arbeite seit etwa zwanzig Jahren mit der Rei-

ki-Energie und stimme mit einer Freundin überein, die ebenfalls langjährige Reiki-Meisterin ist: In der Langzeiterfahrung hat uns Reiki in unserer Gesamtentwicklung zu größerer Gelassenheit geführt. Elise dagegen weckt unsere Lebensgeister, macht uns körperlich (wieder) fit und gibt uns die Kraft, unsere Lebensvision weiter zu vollenden. Potenzialentfaltung ist für mich das übergeordnete Schlagwort im ganzheitlichen Zusammenhang mit der Elise-Energie.
Um den Unterschied zwischen der Elise-Energie und Reiki oder anderen geistigen Heilenergien besser zu verstehen, mag der Vergleich mit einem Radiogerät und seinen verschiedenen Frequenzen dienen. Auch bei Heilenergien spricht man ja von unterschiedlichen Frequenzen. Wenn wir in Bayern den Sender »Bayern 2« hören, ist das nicht dasselbe wie »Bayern Klassik«. Die einzelnen Sender verfolgen unterschiedliche Ziele und bedienen andere Bedürfnisse. Bei der Auswahl des Programms wirken andere Menschen mit, die Botschaften sind anders, die Zielgruppe ist eine andere. In der Physik bedeutet Frequenz die Häufigkeit eines wiederkehrenden Vorgangs in der Natur, zum Beispiel die Drehung oder Schwingung der Erde um sich selbst oder um die Sonne. In Bezug zum feinstofflichen Kosmos sprechen wir von Frequenz, wenn wir die Bewegung,

die Rotation der unterschiedlichen Arten von Qi meinen.
Wenn wir zu unserem Beispiel mit den Radiosendern zurückkehren, stellen wir fest: Bayern 2 sendet seine Beiträge, also seine elektromagnetischen Wellen, auf einer anderen Wellenlänge als Bayern Klassik. Ebenso wird die Elise-Energie auf einer anderen »Wellenlänge« gesendet als Reiki. Andere Geistige Heilmethoden werden ebenfalls auf unterschiedlichen Wellenlängen gesendet. Wie beim Radioempfang ist auch bei feinstofflichen Frequenzen ein »Empfangsgerät«, in dem Fall also unser menschlicher Körper und unser Bewusstsein, erforderlich, damit die Frequenz überhaupt wahrgenommen werden kann.
Ich finde es auch sehr angenehm, dass Unstimmigkeiten, zu denen es bei der Einführung der Reiki-Heilmethode in den Westen kam, bei der Einführung der Elise-Energie ganz bewusst vermieden werden. Die Nachfolger des Reiki-Begründers Mikao Usui hatten hier im Westen in der Anfangszeit eine etwas sonderbare Vorstellung davon, was eine Ausbildung in der Reiki-Heilmethode kosten darf. Der Reiki-Meistertitel konnte für eine astronomische Summe in Höhe eines durchschnittlichen Jahresgehalts quasi gekauft werden. Ich glaube nicht, dass das im Sinne des Begründers war. Diese Praxis hat außerdem viele Menschen

vor den Kopf gestoßen und der Glaubwürdigkeit von Reiki als Heilkraft geschadet. Auch wenn damals argumentiert wurde, dass ein niedriger Preis in den Köpfen der meisten Menschen automatisch mit »wenig Wert« gleichgesetzt wird, so ist das doch nur ein kaufmännisches, aber kein wirklich gutes Argument. Ich empfand das damals als sehr unpassend, ja abschreckend, und wartete einfach ab, bis sich der Rummel ums Geld in der Reiki-Szene wieder gelegt hatte.
Wer die Elise-Energie als Heilmethode anwenden möchte, kann ein Grundlagenseminar absolvieren, aber keinen »Meistertitel« erwerben. Danach kann man als Elise-Heilerin damit beginnen, sich selbst und andere mit Elise-Energie zu behandeln. Wer sich berufen fühlt, die Elise-Energie noch weiter zu verbreiten, absolviert die Elise-Trainer-Ausbildung, um anschließend selbst Elise-Heilerinnen auszubilden.

Gemeinsamkeiten von Elise-Energie und Reiki

Beide Energieformen wirken über unser feinstoffliches Energiesystem auf unser gesamtes menschliches Dasein. Sowohl Reiki als auch Elise sind heilsam für unseren Körper, unsere Emotionen und unseren Geist. Dadurch wird uns der Zugang zu unserem spirituellen Körper, der auch »Höheres Selbst« genannt wird, eröffnet. Beide Formen von Qi sind nicht gebunden an eine spezielle Weltanschauung oder Religion. Jeder Mensch hat die Möglichkeit, eine eigene Beziehung zu diesen Energien zu finden.

Beide Heilfrequenzen können sowohl direkt als auch aus der Ferne übertragen werden. Bei Fernbehandlungen kann man nicht nur räumliche Entfernungen überbrücken, sondern die Energie auch in die Vergangenheit oder Zukunft senden.

Sowohl Reiki als auch Elise-Energie werden von Menschen übertragen, die als Kanal für diese Energien dienen. Wer Reiki oder Elise weitergeben möchte, benötigt jeweils eine Einweihung. Wer einmal eingeweiht ist, kann die jeweilige Form von Qi ohne Einschränkung weiterleiten – die Energie ist stets verfügbar, immer anwesend und unerschöpflich im Universum vorhanden. Ohne Einweihung jedoch geht es nicht.

Für mich ist Elise wie ein Upgrade von Reiki, eine Vertiefung und Verfeinerung der Kenntnisse und der möglichen Erfahrungen, die mittels der Heilkraft des Qi gemacht werden können. Ein Freund nannte die Elise-Energie sehr passend »Reiki 2.0«.

Die praktische Anwendung

Was ist Geistiges Heilen?

Die Elise-Energie gehört zu den Formen des Geistigen Heilens. Dabei werden nicht nur die Selbstheilungskräfte mobilisiert, es beinhaltet auch spirituelle Wachstumschancen, also ein Heilwerden im ganzheitlichen Sinne. Dabei wird nicht von einem mechanischen Menschenbild ausgegangen, sondern man betrachtet den Menschen als Einheit von Körper, Empfindung, Wahrnehmung, Verstand und spirituellem Bewusstsein. Wenn ein Körperteil Schmerzen bereitet, vermittelt eine Heilerin dem Menschen in seiner Ganzheit diejenigen geistigen Kräfte, die ihr zur Verfügung stehen. Gemäß der Auffassung alter chinesischer Meister, Schmerz sei der Schrei des Körpers nach fließendem Qi, sind Krankheiten oder seelische Krisen in der Sichtweise des Geistigen Heilens keine Fehlfunktionen, die es zu beheben gilt, so wie man ein Auto repariert. Manchmal dienen sie dazu, dass wir unser Leben überdenken

und uns fragen, ob wir überhaupt auf dem richtigen Weg sind. Sowohl die Krankheit als auch die Bemühungen um Heilung gehören zum Prozess, damit unser Bewusstsein sich wandeln kann.
Im Buddhismus heißt es, dass die Welt der Menschen zusammen mit der Welt der Halbgötter und der Götter zu den glücklichen Bereichen gehört, in denen wir gute Chancen haben, die volle Erleuchtung als höchstes Ziel zu erlangen. Die Welt der Menschen sei sogar noch besser geeignet als die Welt der Götter, und zwar gerade deswegen, weil es hier Leid und Schmerzen gibt. In der Welt der Göttinnen und Götter schwelgen die Wesen dagegen im Luxus und in allen erdenklichen Glückszuständen, sodass sie gar nicht auf die Idee kommen, nach der vollen Erleuchtung zu streben. So fallen sie schließlich nach einem langen Leben wieder zurück in weniger glückliche, dumpfe Bereiche, zum Beispiel in die Welt der Tiere.
Ich verstehe die Lehre des Buddha so, dass die menschliche Evolution erst abgeschlossen ist, wenn wir alle wirklich erleuchtet sind. Dann haben wir auch das Leiden hinter uns gelassen. Weil wir das Leiden aber so tief kennengelernt haben, werden wir auch sehr tief erleuchtet sein. Deshalb ist in meinen Augen eine wirkliche, ganzheitliche Menschwerdung ohne spirituelle Ausrichtung gar nicht möglich. Echtes Menschsein heißt für mich,

in Mitgefühl, Weisheit und voller Kraft auf dieser Erde zu wandeln. Geistiges Heilen unterstützt uns dabei.

Eigentlich ist Geistiges Heilen eine Kunst. Jede Heilerin wird ihre Werkzeuge etwas anders benutzen und eine individuelle Philosophie bezüglich ihrer Kunst entwickelt haben. Geistiges Heilen geht einher mit einer ethischen Grundeinstellung, die das Leben an sich liebt und ehrt und die dem Wohlergehen des anderen zumindest die gleiche Wertschätzung entgegenbringt wie dem eigenen Wohl. Eine glaubwürdige Heilerin wird auch kein Heilversprechen abgeben, denn ob und wie eine Heilung letztlich geschieht, liegt definitiv nicht in ihrer Hand. Sie tut nur, was sie kann und so gut sie es kann.

Heilerinnen dürfen und brauchen auch keine Diagnosen zu stellen. Elise als stärkende Kraft wirkt ganz unabhängig davon, ob ich einen von einem Arzt gestellten Befund kenne oder nicht. Als Mensch bin ich jedoch interessiert an meinen Patienten und was sie zu mir geführt hat. Als Therapeutin kann ich vielleicht im Gespräch beratend bei der Lebensgestaltung zur Seite stehen. Deshalb sprechen wir natürlich über das Anliegen, bevor wir mit der Behandlung beginnen. Die Heilenergie sucht sich freilich auch ohne mein Wissen über eine Lebenssituation und konkrete Diagnosen ihren Weg. Als Heilerin diene ich während einer Behandlung lediglich als Kanal, als »Übertragungskabel«. Meine Aufgabe ist es, Heilenergie weiterzuleiten und dabei präsent und aufmerksam zu sein, ohne etwas Bestimmtes zu erwarten.

Wie wirkt die Elise-Energie?

Elise wirkt wie eine Art Basis-Energie: Sie heilt und stärkt, regeneriert die Körper-Energie und unterstützt so die Selbstheilungskräfte. Sie hilft uns, körperliche und geistige Gesundheit zu erhalten oder wiederherzustellen, wenn wir krank geworden sind.

Behandlungen sind begleitend bei allen Arten von chronischen Erkrankungen zu empfehlen, vor und nach einer Operation, bei Schmerzen, Erschöpfung, Depressionen, Ängsten und bei allen Übergängen im Leben, von der Geburtshilfe bis zur Sterbebegleitung. Ich habe Menschen mit Depressionen, Erschöpfungszuständen, Rückenschmerzen, Krebserkrankungen, Migräne, Hashimoto, Tinnitus, Zahnschmerzen und natürlich auch bei seelischen Verletzungen mit Elise behandelt, um nur einige Beispiele zu nennen. Bei mir selbst habe ich festgestellt, dass ich seit den Elise-Behandlungen mehr Sport treibe, öfter meditiere und noch besser auf meine Ernährung achte. Meine Talente kommen mehr zum Vorschein und entwickeln sich weiter, obwohl ich schon auf die sechzig zugehe. Mein Vertrauen und die Zuversicht, dass ich auf dem richtigen Weg bin, sind weiter gewachsen. Ich habe mehr Kraft und kann sie gezielter einsetzen. Allgemein gesagt: Die Elise-Energie kann den Heilungsprozess bei allen Arten von Krankheiten und Beschwerden, Stress oder Befindlichkeitsstörungen unterstützen.

Es gibt grundsätzlich zwei Möglichkeiten, Elise kennenzulernen. Entweder aktiv, indem Sie ein Elise-Seminar inklusive Einweihung absolvieren, oder passiv, indem Sie sich von einer Elise-Heilerin behandeln lassen. Elise-Behandlungen können Sie sowohl bei sich selbst als auch bei anderen durchführen – allerdings nur, wenn Sie zuvor bei einem Elise-Seminar als Elise-Kanal eingeweiht wurden. Das ist genauso wie bei Reiki. Wenden wir uns nun zuerst der aktiven Seite zu.

Das Elise-Seminar

Im Wesentlichen gibt es zwei Arten von Seminar und Einweihung: das Basis-Seminar und das Trainer-Seminar. Beide Seminare beinhalten eine Ein-

weihung, die über ein Channeling direkt von Engel Nathaniel gegeben wird.
Um an einem Basis-Seminar mit Einweihung teilnehmen zu können, braucht man keine besonderen Vorbereitungen oder Voraussetzungen. Für die Teilnahme am Trainer-Seminar benötigen Sie zuvor das Basis-Seminar.
Wer sich angesprochen fühlt, kann sofort das erste Elise-Seminar besuchen. Bei meinen Elise-Kursen frage ich die Teilnehmerinnen zu Beginn, was sie hergeführt hat. Manchmal gibt es kleine Geschichten darüber, wie jemand »gerufen« wurde und dem Ruf einfach vertrauensvoll gefolgt ist, ohne im Einzelnen zu wissen, was nun folgen wird. Manche sind sich so sicher, dass Elise für sie privat oder als Heilerin von Bedeutung ist, dass sie zum Seminar kommen, obwohl sie noch keine eigene Erfahrung mit der Elise-Energie gemacht haben. Andere Teilnehmer erzählen von erstaunlichen und beglückenden Erlebnissen während einer Elise-Behandlung, sodass sie das wunderbare Werkzeug nun selbst aktiv erlernen möchten.
Manchmal ist jedoch auch von einer gewissen Skepsis die Rede. Ich war selbst nicht ganz frei von Zweifeln, als ich das Elise-Basis-Seminar besuchte. Deshalb möchte ich ein paar Gedanken zu den Ängsten und Zweifeln teilen. Vielleicht gelingt es mir ja, den einen oder anderen Einwand zu zer-

streuen. Denn: »Der Gläubige, der nie gezweifelt hat, wird schwerlich einen Zweifler bekehren«, sagte schon Marie von Ebner-Eschenbach.

Die Ängste und Zweifel

Obwohl ich einerseits von Anfang an von Elise begeistert war, brauchte ich fast ein Jahr, bis mein Vertrauen in diese neue Kraft stabil geworden war. Unsere Prägungen sitzen so tief und manche sind in einem Teil unseres Bewusstseins gespeichert, das gerne »Reptiliengehirn« genannt wird. Von dort aus beherrschen uralte archaische Überzeugungen unsere Spezies. Dazu gehört zum Beispiel die Angst, zur Außenseiterin zu werden. Der Ausschluss aus der Gemeinschaft war in alten Stammeskulturen gleichbedeutend mit einem Todesurteil. Obwohl wir heute nicht mehr darauf angewiesen sind, im Rudel zu jagen, sind Einsamkeit und das Gefühl, nicht dazuzugehören, doch ein tiefer Schmerz, den wir sehr fürchten. Das mag einer der Gründe sein, warum wir lieber an alten Glaubens- und Verhaltensmustern festhalten, als das Neue anzuerkennen. Erst wenn »alle« mitmachen, wollen wir auch dabei sein. Auch die Kirchen tragen immer noch viel dazu bei, alles, was angeblich nicht christlich ist, zu verdammen und zu diffamieren. Wer zu Gott und den Engeln redet und betet, der ist religiös, wem Gott und die Engel aber antworten, ist höchst verdächtig! Ich halte mich da lieber an die Aussage des Buddha, der immer wieder gepredigt hat, man solle ihm nichts glauben, sondern stattdessen alle seine Aussagen selber gründlich durchdenken und auf den Prüfstand der Logik und der eigenen Erfahrungen stellen.

Damit wir christliche Engel oder buddhistische Dakinis sehen, hören oder fühlen können, müssen wir unser Wahrnehmungsbewusstsein in Gebet und Meditation trainieren und verfeinern. Wenn wir unsere inneren feinstofflichen Organe aktivieren, können wir die Engel »mit eigenen Augen« sehen. Diese Organe sind in uns angelegt, doch leider noch nicht ausgereift. Um diese Organe herauszubilden, müssen wir selbst aktiv werden. Nämlich uns mit der Liebe als kosmischer Energie verbinden und immer mehr nach der Freiheit und dem Glück trachten, das uns eine Lebensführung beschert, die dem anderen Liebe und Wertschätzung entgegenbringt. Wir sind ein Gebilde aus Stoffen dieser Erde, ein Klumpen aus Wasser und Lehm, und können ein Bewusstsein hervorbringen, das die tiefste Natur des ganzen Universums versteht! Insofern sind wir etwas ganz Besonderes! Ich gehe davon aus, dass der Evolutionsschritt der Bildung unserer feinstofflichen Organe von uns getan werden muss oder darf, mit allen Begleitumständen, die dazugehören.

Haben wir Angst vor Veränderungen? Ich beobachte zum Beispiel, dass manche Menschen, die einige Male mit Elise behandelt wurden, »plötzlich« aufhören, Fleisch zu essen. Sie merken am eigenen Leib, dass Fleischessen der Gesundheit und dem Gemüt wirklich schadet. Das eigentlich vorhandene Mitgefühl mit den Tieren, das sie zuvor einfach ignoriert hatten, kehrt zurück. Wäre das eine Veränderung, die wir wirklich fürchten müssen?
Oder haben wir Angst, dass wir bei einem Elise-Seminar abgezockt werden? Der Richtwert für ein Elise-Seminar liegt zwischen zweihundert und zweihundertvierzig Euro. Das ist zwar nicht billig, aber es ist in meinen Augen in Ordnung. Wir können nicht erwarten, dass Geistiges Heilen grundsätzlich kostenlos ist. Wir leben in einer Welt, in der die unsagbar grausame Quälerei von fühlenden Wesen in der Massentierhaltung mit Steuergeldern in Milliardenhöhe bezuschusst wird. Unser Land ist weltweit der drittgrößte Waffenhändler. Wird mit Kriegsgerät oder Massentierhaltung irgendein guter Zweck für die Wesen erzielt? Ist das nicht der eigentliche Wucher?

Ich glaube, wir müssen lernen, uns gegen wirklichen Betrug zu stellen.
Haben wir Angst davor, von einer Sekte vereinnahmt zu werden? Zwar gehört Nama'Him der Bewegung der neuen, jungen Spiritualität an. Das ist die Strömung eines Zeitgeistes, die in meinen Augen fast wie eine neue Religion anmutet. Grundsätzlich kann man festhalten, dass sich jede neue religiöse Bewegung in der Religionsgeschichte von den Vorgängern abgegrenzt hat, damit sie sich unterscheidet. Sonst wäre sie ja nichts Neues gewesen. Jedenfalls: Niemand, der ein Elise-Seminar besucht, muss deswegen alles annehmen, was von der neuen, jungen Spiritualität verbreitet wird. Man kann in Kontakt treten und die wunderbare Elise-Energie empfangen. Man muss aber deswegen nicht gleich mit dem ganzen System verschmelzen. Man kann nach dem Empfang von Elise-Energie wieder zurücktreten und Christ bleiben oder Buddhist oder auch Atheist.

Wovor haben wir noch Angst? Dass Nathaniel und die Elise-Engel unreine Geister sein könnten, die uns Energie rauben und den Weg zur Hölle pflastern? Es gibt einen sehr einfachen Weg, um festzustellen, ob man es mit einer unheilsamen Energie zu tun hat: Ich beobachte, wie es mir geht. Wenn ich mich froh und gestärkt fühle, ist es

heilsame Energie. Wenn ich mich unausgeglichen oder unglücklich fühle, ist es unheilsame Energie. Um meine Zweifel zu beseitigen, habe ich außerdem eine erprobte Methode gewählt. Ich habe großes Vertrauen zu Jeshua und zu Atisha, einen buddhistischen Meister und Heiler, der vor etwa tausend Jahren lebte. Deshalb habe ich Jeshua und Atisha gebeten, mich bei der Elise-Einweihung zu begleiten und bei Elise-Behandlungen mit anwesend zu sein. Kein unreiner Geist könnte gegen Jeshua oder gegen Atisha ankommen!
Zweifel sind konstruktiv, wenn sie dazu dienen, zu forschen, zu hinterfragen, Hintergründe zu verstehen und sich zu öffnen für neue Sichtweisen. Als dieser Prozess abgeschlossen war, haben sich meine Zweifel verflüchtigt.

Die Lehrinhalte

Nach einer allgemeinen Einführung in die Ethik des Geistigen Heilens geht es bei einem Elise-Seminar um die Grundhaltung einer Heilerin: Was auch immer während oder nach einer Behandlung geschieht, ist nicht ihr Verdienst und auch nicht ihr Versagen. Am besten ist es, eine Behandlung mit der geistigen Haltung von »offener Raum« zu verbinden. Unter »offener Raum« verstehe ich:

Nicht-Erwarten, Nicht-Müssen und Nicht-Wollen und stattdessen einfach Geschehen-Lassen. Unsere Wirklichkeit gestaltet sich in jedem Moment neu und folgt dabei dem Prinzip von Ursache und Wirkung. Elise setzt die Ursache für eine positive, heilsame Wirkung.

Wenn ich Heilbehandlungen gebe, dann natürlich aus dem aufrichtigen Wunsch heraus, meinen Klienten zu helfen und mit der Absicht, mein Bestes dafür zu geben. Aber ob, wie und wann eine Linderung oder Heilung eintritt – das überlasse ich dem offenen Raum. Was auch geschieht, es ist immer das Beste, was in Anbetracht aller Umstände geschehen kann.

Nach einer solchen Einleitung gebe ich Erklärungen darüber, was die Elise-Energie ist sowie zu Engel Nathaniel mit seinem Gefolge. Beim Basis-Seminar werden im theoretischen Teil im Wesentlichen drei Lehrinhalte vermittelt:

1. das vereinigte Chakra
2. das axiatonale Meridiansystem
3. der Ablauf einer Elise-Behandlung

Das vereinigte Chakra

Ich gehöre zu der Generation, die noch ohne das geringste Wissen über Chakren und den feinstofflichen menschlichen Körper aufgewachsen ist. Im Christentum gibt es so etwas nicht. Nachdem ich mit einundzwanzig Jahren eine Nahtod-Erfahrung machen musste oder durfte, wollte ich genauer wissen, was da eigentlich geschehen war. Im Christentum fand ich keine befriedigende Antwort. Also ging ich auf die Suche und entdeckte auf meinem Weg unter anderem die Lehre von den sieben Hauptorganen des feinstofflichen Körpers, den Chakren.

Inzwischen sind von den südamerikanischen Schamanen aus den Anden Informationen über weitere Chakren zu uns in den Westen gedrungen. Die Lehre vom erweiterten Chakrasystem wurde von der neuen, jungen Spiritualität aufgegriffen und integriert.

Das achte Chakra befindet sich etwa eine Handbreit über dem Kopf und verbindet uns mit dem Kosmos, mit dem Herz des Universums. Das neunte Chakra befindet sich etwa eine Handbreit unter unseren Füßen, also im Boden, und verbindet uns mit dem Herz unserer Mutter Erde und darüber hinaus mit unserem Sonnensystem, zu dem der Planet Erde gehört. Die Nummerierung ist vorläufig gewählt. Im Lauf der Zeit wird sich eventuell eine neue Nummerierung durchsetzen, beginnend mit dem Mutter-Erde-Chakra als Nummer eins. Alle Chakren gehören zu unserem ganzheitlichen Leib, auch die neuen Chakren.

Bevor Sie mit einer Elise-Behandlung beginnen, visualisieren Sie Ihr Chakrasystem als vereinigtes Chakra. Stellen Sie sich vor, dass alle Ihre neun Chakren in bester Verfassung sind, wie sich das oberste und das unterste Chakra öffnen, Licht und Segen über Sie ausgießen und wie dadurch etwa im Abstand einer halben Armlänge um Sie herum ein leuchtendes Energiefeld entsteht. Die Grafik auf Seite 65 zeigt, wie wir uns das vereinigte Chakra vorstellen können.

Sie erzeugen dieses Feld mit Ihrem Bewusstsein. Das Energiefeld des vereinigten Chakras war zwar latent vorhanden, als Sie noch nichts davon wussten, Ihr aktives Bewusstsein jedoch macht es zu einem leuchtenden, strahlenden Feld. Je öfter Sie sich daran erinnern, dass Sie ein leuchtendes Energiewesen sind, desto mehr leuchtet Ihr Energiefeld. Das ist vergleichbar damit, dass wir unser Glücklichsein umso deutlicher spüren können, je öfter wir uns daran erinnern, wie glücklich wir uns schätzen können, auch ohne besonderen Grund. Einfach, weil wir in dieser fantastischen Welt leben dürfen. Das umgekehrte, unglücklich machende Bewusstsein von der ewigen Unzufriedenheit funktioniert genauso und wir kennen es wahrscheinlich besser – aus alter Gewohnheit.

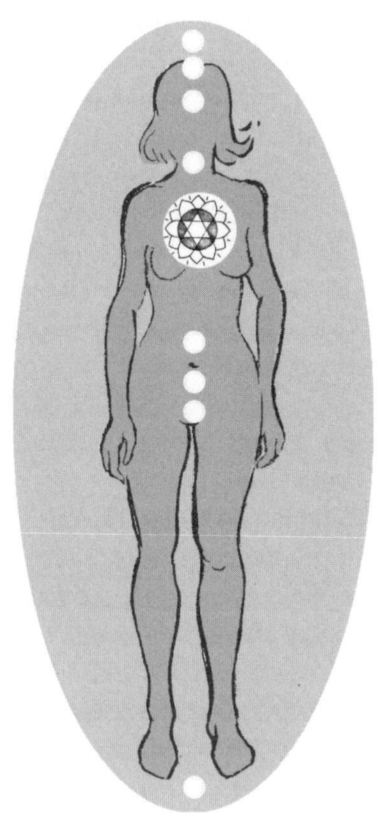

Die Meditation des vereinigten Chakras

Die Meditation des vereinigten Chakras kann im Sitzen, Stehen, Gehen oder Liegen gemacht werden. Solange Sie mit der Meditation noch nicht vertraut sind, ist es gut zu sitzen, da Sie im Sitzen nicht so abgelenkt sind wie im Gehen und nicht so leicht einschlafen wie im Liegen. Die Meditation ist unabhängig von der Elise-Energie anwendbar. Sie kann jeder spirituellen Heilbehandlung vorausgehen oder auch einfach so geübt werden. Wenn Sie eine Elise-Behandlung geben, wenden Sie die Meditation vor der Behandlungsliege stehend an, während Ihr Patient bereits mit geschlossenen Augen vor Ihnen liegt.

Setzen Sie sich bequem auf einen Stuhl, die Wirbelsäule aufgerichtet.
Falten Sie die Hände vor dem Herzen.
Schließen Sie die Augen.
Gehen Sie in Gedanken durch Ihr feinstoffliches Energiesystem. Atmen Sie einige Male tief ein und aus. Gehen Sie mit Ihrem Bewusstsein in Ihre Mitte, in das Herzchakra, und erzeugen Sie die Absicht, dass Ihr Herz sich öffnet und Strahlen der Liebe in alle Richtungen ausgesendet werden. All unsere Chakren sind mit dem Herzchakra verbunden, es ist unsere goldene Mitte. Stellen Sie sich vor, wie alle anderen Chakren von der Strahlung Ihres Herzens angeregt werden, sich ebenfalls zu öffnen wie Blumen, die von der Morgensonne geküsst werden.
Spüren Sie das Chakra auf der Mitte Ihres Kop-

fes, am Scheitelpunkt. Es öffnet sich und erstrahlt.
Spüren Sie das Chakra in der Mitte Ihrer Stirn, das dritte Auge. Es öffnet sich und erstrahlt.
Spüren Sie das Chakra am Kehlkopf. Es öffnet sich und erstrahlt.
Spüren Sie noch einmal das Chakra im Herzen. Es öffnet sich und erstrahlt.
Spüren Sie das Chakra am Solarplexus. Es öffnet sich und erstrahlt.
Spüren Sie das Sakralchakra, zwei Fingerbreit unterhalb des Nabels. Es öffnet sich und erstrahlt.
Spüren Sie das Wurzelchakra in der Mitte zwischen Geschlecht und Anus. Es öffnet sich und erstrahlt.
Stellen Sie sich nun vor, dass sich eine Handbreit über Ihrem Scheitel eine goldene, leuchtende Kugel aus reinem Licht befindet: das achte Chakra. Sehen Sie vor Ihrem inneren Auge, wie nach oben hin ein feiner leuchtender Strahl aus dem achten Chakra austritt und sich in die Unendlichkeit des Universums hinein ausdehnt. Dieser Strahl zielt in das unendliche und ewige Herz des Kosmos. Die Unendlichkeit ist zwar unvorstellbar – aber unser Geist hat die Kraft, sich einen Strahl vorzustellen, der hier und jetzt von unserem achten Chakra ausgesendet wird und in der abstrakten, unvorstellbaren, ewig währenden Unendlichkeit mündet, wo auch immer das sein mag.

Stellen Sie sich vor, wie die goldene Kugel des achten Chakras sich nach unten zu Ihrem Körper hin öffnet und wie sich aus dem Inneren der Kugel feine leuchtende Strahlen über Ihren Körper ergießen. Die Strahlen hüllen Ihren ganzen Körper ein und sind etwa eine halbe Armlänge von Ihrer Haut entfernt.

Sehen Sie vor Ihrem inneren Auge, wie sich das leuchtende Energiefeld um Sie herumlegt wie ein goldenes Ei. Spüren Sie die leuchtende Hülle, von der Sie umgeben sind und die Sie beschützt. Sie sind umgeben von einer Blase aus Licht, angefüllt mit reiner, heilsamer Energie.

Die Strahlenhülle mündet in Ihrem neunten Chakra, das etwa eine Handbreit unter Ihren Füßen liegt. Das Mutter-Erde-Chakra ist nach unten hin mit einem ganz feinen Strahl direkt mit dem Herzen unseres Heimatplaneten verbunden. Auch das neunte Chakra öffnet sich zu Ihnen hin, nach oben. Es fügt der Liebesenergie des achten Chakras aus dem Kosmos die Energie der Liebe aus dem Herzen von Mutter Erde hinzu.

Sehen Sie mit Ihrem inneren Auge, wie Ihr Energiefeld strahlt und wie alle Chakren aus Freude darüber leuchten, dass sich die Liebe zwischen Himmel und Erde in Ihnen offenbart.

Am Ende der Meditation – bzw. zum Abschluss der Behandlung – visualisieren Sie, dass sich das

Energiefeld wieder in das achte Chakra über Ihrem Scheitel zurückzieht. Dort ist es geparkt und jederzeit abholbereit. Falls Sie vergessen, das vereinigte Chakra wieder zu schließen, ist das nicht weiter tragisch. Es zieht sich von selbst zurück, solange wir keine vollständig erleuchteten Wesen und uns dieser subtilen Energien nicht beständig bewusst sind.

Wichtig:
Diese Meditation führen Sie im Stillen durch, bevor Sie mit einer Elise-Behandlung beginnen. Damit die Vorstellung des vereinigten Chakras mit der Zeit spontan in Ihrem Geist präsent ist, ist es empfehlenswert, die Meditation häufig und sorgfältig zu üben.

Der Herz-Geist

Manchmal können Menschen ihr eigenes Herz nicht mehr spüren und merken es nicht einmal. Sie erkennen nur, dass ihnen etwas fehlt, und entwickeln eine unbestimmte Sehnsucht oder auch eine zunehmende Traurigkeit, wenn sie nicht finden können, wonach sie suchen. Hier kann die Elise-Energie helfen, das Tor zur Quelle der Lebensfreude im eigenen Herzen wieder zu öffnen. Davon ausgehend kann sich dann al-

les andere entwickeln, was der jeweilige Mensch braucht.
Deshalb spielt die Berührung des Herzchakras mit der Elise-Energie während der anschließenden Behandlung eine zentrale Rolle. Sie können während der Behandlung und auch eine Weile danach wahrscheinlich deutlich spüren, wie sich Ihr Herz mit Freude füllt.
Das Herzchakra gilt als der Sitz unserer innersten Wesensnatur, als Wohnort des unsterblichen, äußerst feinen Herz-Geistes. Es ist unser Zentrum und von lichthafter Natur. Die Ausrichtung auf unser Herz ist für unsere spirituelle Entwicklung und Gesundung von großer Bedeutung. In der Regel ist unser Herz-Geist umhüllt von Täuschungen, von Schatten und Schleiern, die manchmal so dicht sind, dass sie eher einer Betonwand gleichen. Elise hilft dabei, die Täuschungen zu durchdringen, die Schleier zu lüften und die Betonwände einstürzen zu lassen. Dabei ist Elise so sanft und doch so stark wie eine Blume, die es schafft, in der kleinsten Ritze des Asphalts Lebensraum zu finden und zu erblühen.
In der heiligen Geometrie wird das Herzchakra zweidimensional als Hexagramm (Sechseck) dargestellt, umgeben von einem Kreis mit zwölf Blütenblättern. Das Sechseck ist ein uraltes spirituelles Symbol für die Vereinigung des Weiblichen mit

dem Männlichen, für die Vereinigung liebender Güte mit Weisheit. In Asien ist das Hexagramm das zentrale Symbol für das Tantra, den Diamantweg zur Erleuchtung. Im jüdischen Glauben ist es als »Davidstern« bekannt und steht als Symbol für die Vereinigung des Menschen mit dem Göttlichen. Als dreidimensionales Symbol wird es zum Sterntetraeder, das uns später während der Einweihung noch einmal begegnen wird.

Das axiatonale Meridiansystem und die universelle Verantwortung

Bei den Elise-Übertragungen wird das sogenannte axiatonale Meridiansystem aktiviert. Nach den Lehren der neuen, jungen Spiritualität wird unser spiritueller Körper über axiatonale Linien mit dem spirituellen Körper des Kosmos verbunden, von dem wir uns vor langer Zeit getrennt hatten. Das axiatonale System wird über die Berührung von Meridianpunkten und durch die Zufuhr der Elise-Energie in diese Punkte angeregt. Die Elise-Energie bewirkt, dass sich dadurch unser Bewusstsein der uns innewohnenden lichthaften Natur leichter gewahr werden kann.

Laut dem Konzept der neuen, jungen Spiritualität wird die Menschheit »aufsteigen« und das »goldene Zeitalter« wird zurückkehren. Das goldene Zeitalter ist ein antiker Mythos von einer idealen Kultur, in der Krieg, Zerstörung, Gier und Hass unbekannt sind. Damit die schöne Vision auch wirklich geschehen kann, braucht es Menschen, sogenannte Lichtarbeiter, die sich dafür starkmachen. Damit diese Menschen nicht an der Fülle der Hindernisse (sowohl in sich selbst als auch in der Welt) scheitern, wird auf Wunsch das axiatonale Meridiansystem von den Engeln berührt und zum Leuchten gebracht.

Mit zunehmender Klarheit darüber, dass der subtilste Geist in uns tatsächlich unvergänglich ist, leer von Bedingtheit, klar und rein, geht auch das Bewusstsein über unsere Verantwortung einher. Wir sind nicht nur für uns selbst verantwortlich, sondern auch für unsere Welt, und sogar vor einer universellen Verantwortung dürfen wir nicht zurückschrecken. Universelle Verantwortung ist das Gegenteil von egoistischer Verantwortung. Wer nicht nur an sich selbst denkt, an den eigenen Erfolg und das eigene Wohlergehen, sondern immer öfter andere Wesen in den Wunsch nach Glück und Frieden mit einbezieht, hat den Samen universeller Verantwortung in sich entdeckt. Wer damit anfängt, nicht nur zu wünschen, dass es allen Wesen wohl ergehe, sondern auch ganz konkret zur Tat schreitet, ist mit jemandem zu vergleichen, der den Samen hegt und pflegt, ihm Licht und Wasser gibt, damit schließlich ein kräftiger Baum heranwachsen kann. Je selbstverständlicher es wird, dass uns das Glück der anderen etwas bedeutet, desto besser wächst unser Spross heran.

Ich gehe davon aus, dass Elise-Heilerinnen im besten Fall Kräfte in sich mobilisieren, die uns befähigen, unsere jeweilige Aufgabe in der Welt zu vollbringen. Das muss nicht immer etwas Großartiges sein. Einem Kind einen einigermaßen guten Start ins Leben zu ermöglichen ist zum Beispiel viel schwieriger, als ein Buch zu schreiben, aber in den Augen der Gesellschaft gilt es meist nicht viel. Spirituelles Heilen ist auch eine sehr sinnvolle Tätigkeit. Der Bedarf daran ist enorm, denn es gibt so viel Leid und Elend. Zu lindern, so gut und so viel wie möglich, ist das Anliegen der Elise-Engel und der Elise-Heilerinnen, das muss nicht unbedingt in einer professionellen Praxis sein. Universelle Verantwortung bedeutet, den Geist des Mitgefühls zu entfachen und zu verbreiten. Diese Anstrengung müssen wir selber in unserem eigenen Geist aufbringen. Ich glaube, es ist so: Die Berührung mit der Elise-Energie und das Bewusstsein unserer kosmischen Verbundenheit über das axiatonale Meridiansystem macht uns einfach stärker in unserem Vorsatz, ein Teil der Lösung und nicht des Problems zu sein.

Ich habe mich intensiv mit heiliger Geometrie befasst, so sehr, dass mich manche Symbole sogar noch im Traum beschäftigt haben. Eines davon ist die höchst komplexe geometrische Figur des Torus. Es gibt wissenschaftliche Theorien darüber, dass unser Universum in der Form eines gigantischen Torus existiert und dass unser eigener ganzheitlicher Organismus über das Symbol des Torus besser zu verstehen ist. Ich bin davon überzeugt, dass das axiatonale System sich in der heiligen Geometrie als Torus zeigt. Er besteht in der Grundform aus einem Kreis, der um eine Achse außerhalb dieses Kreises rotiert. Von außen betrachtet sieht ein Torus aus wie ein Donut oder Schwimmreifen. Aus der Innenperspektive sieht er aus wie in der Grafik auf der nächsten Seite.

Das Bild auf Seite 76 zeigt, wie sich das vereinigte Chakra in den Torus einfügt und wie leicht wir uns über die Linien eine Verbindung nach unten, zu unserem Heimatplaneten vorstellen können. Genauso einfach ist es, sich die Verbindung zum Kosmos und nach allen Seiten zu allen Wesen hin vorzustellen.

Wir sind Lebewesen, die von leuchtenden Energiebahnen durchwoben und durch äußerst feine Energielinien alle miteinander verbunden sind. Wenn einem Kind irgendwo auf der Welt ein Leid geschieht, sind wir damit verbunden. Wenn es uns gelingt, jemandem Freude zu bereiten, dann ist über unsere Verbundenheit die ganze Welt davon berührt. Diese Zusammenhänge sind uns allerdings häufig nicht klar. Je deutlicher wir diese jedoch erkennen, desto mehr wächst unsere universelle Verantwortung und desto strahlender wird unser axiatonales System, unser leuchtendes Energiefeld um uns herum. Je mehr wir strahlen, desto mehr ansteckende Gesundheit verbreiten wir außerdem rings um uns.

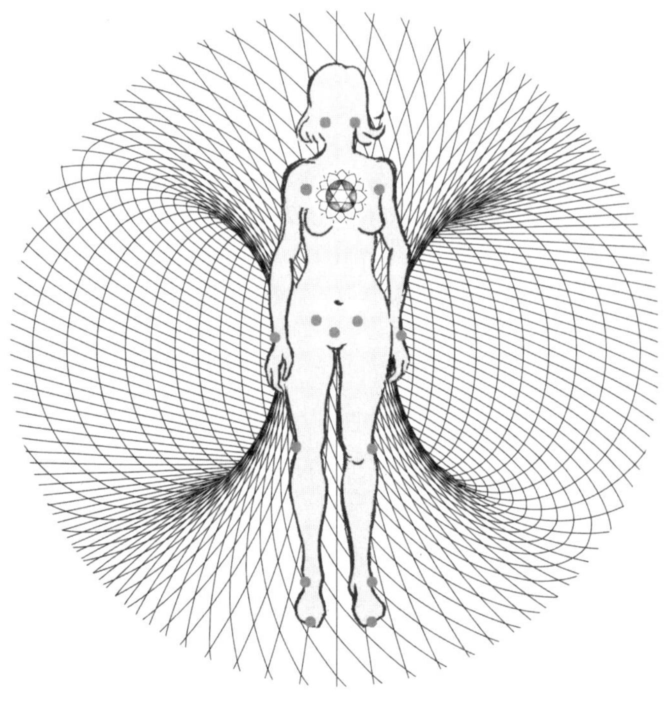

Wenn Engel und erleuchtete Wesen aus feinstofflichen Welten uns bei dieser Entwicklung zu mehr Bewusstwerdung helfen, sollten wir diese Hilfe annehmen. Wenn wir dankend – bzw. skeptisch oder voller Angst und Zweifel – eine solche Hilfe ablehnen, ist uns eben nicht zu helfen. Die Freiheit ist das höchste Gut und kein Engel wird uns zu unserem Glück zwingen.

Ich kann mir vorstellen, dass mit unserer universellen Verantwortung auch gemeint ist, dass wir als Menschheit eine Rolle im Universum spielen. Vielleicht ist es sehr selten, dass höheres Bewusstsein in einer grobstofflichen Welt erscheint. Dann wäre es nicht nur für uns als Menschheit eine erfreuliche Sache, wenn es uns gelingt, uns von Mitgefühl und Weisheit anstatt von Gewalt und Gier regieren zu lassen. Auch die Wesen aus anderen Sphären würden jubeln vor Freude.

Doch wir wollen aus der Welt der großen Visionen und Träume zurückkehren in die Praxis des Alltags. Wenn Sie ein Elise-Seminar besuchen, bekommen Sie natürlich eine genaue Anleitung, wie Sie bei sich selbst und bei anderen eine Behandlung durchführen.

Der Ablauf einer Elise-Behandlung

Nach der Elise-Einweihung können Sie anfangen, mit der Elise-Energie zu arbeiten. Sie können Elise mit anderen Methoden kombinieren, so wie es für Sie passend ist. Ich bete zum Beispiel gerne leise während der Behandlung oder rezitiere ein Heilmantra.

Es gibt jedoch eine klassische Elise-Behandlung. Diese wird im Elise-Seminar erklärt und es macht

Sinn, sich daran zu halten, zumindest während der ersten Behandlungen. Generell gilt jedoch, dass jeder frei ist, die Elise-Energie so anzuwenden, wie es für einen selbst am besten ist.

Bei der Einweihung werden Ihre Handflächen und die Fingerspitzen von Zeige- und Mittelfinger gesegnet und für Elise-Behandlungen aktiviert. Wenn Sie die Handfläche am Körper auflegen, fließt die Energie strahlenförmig in alle Richtungen, also eher »rund«, archetypisch weiblich. Dabei können Sie denken »Elise fließe«.
Wenn Sie die beiden Fingerspitzen auflegen, fließt die Energie zielgerichtet wie ein Laserstrahl, also eher archetypisch männlich. Zusätzlich zur Elise-Energie können mit den beiden Fingerspitzen auch intensive Impulse gesetzt werden. Nama'Him nennt die Technik des fokussierten Bestrahlens mit den Fingerspitzen »MILA-Impuls-Technik« und empfiehlt, dabei drei- bis fünfmal das Mantra »MILA« zu rezitieren. MILA ist ein Wort aus der Lichtsprache der neuen, jungen Spiritualität und steht für »Impuls senden«.

Wichtig:
Berührung mit den Handflächen: »Elise fließe.«
Berührung mit den Fingerspitzen: »MILA, MILA, MILA.«

Mit den Handflächen berühren Sie die Chakren. Mit den Fingerspitzen und der MILA-Impuls-Technik berühren Sie bei der klassischen Behandlung spezielle Punkte am Meridiansystem, die das axiatonale System aktivieren sollen.

Wichtig:
Mit dem Strahl aus den Fingerspitzen bitte niemals in die Chakren eindringen!

Die Vorbereitung

Bevor Sie mit der Behandlung beginnen, sorgen Sie bitte für eine angenehme, freundliche und vertrauensvolle Atmosphäre. Zünden Sie eine Kerze an und legen Sie die Elise-Behandlungsmusik auf, die Sie beim Seminar auf einer CD erhalten. Es handelt sich um eine Variation der Elise-Melodie von Beethoven. Selbstverständlich kann auch eine andere Musik passend sein.
Stellen Sie einen Krug mit frischem Wasser auf den Tisch, sodass Sie vor oder nach der Behandlung ein Glas Wasser trinken oder anbieten können, je nachdem, für wen die Behandlung ist.
Anschließend legen Sie sich auf den Rücken, wenn Sie Elise bei sich selbst anwenden. Wenn Sie jemand anders behandeln, bitten Sie die Klientin darum, sich auf Ihrer Behandlungsliege auf den

Rücken zu legen, die Augen zu schließen und sich einfach zu entspannen.

Beim Seminar erhalten Sie ein Paar weiße Handschuhe. Diese ziehen Sie an, bevor Sie mit der Behandlung beginnen, denn Sie führen zusammen mit den Elise-Engeln eine »feinstoffliche Operation« durch. Sie sind zwar nicht zwingend erforderlich, doch wie bei einem Ritual können Ihnen die weißen Handschuhe dabei helfen, mehr Würde und Respekt vor Elise und vor Ihrer Arbeit zum Ausdruck zu bringen. Ich fand das anfangs irgendwie komisch und habe oft vergessen, die Handschuhe anzuziehen – aber inzwischen trage ich sie gerne und mit einem Gedanken der Achtung und Dankbarkeit.

Anschließend gehen Sie in die innere Sammlung und führen die Meditation des vereinigten Chakras (siehe Seite 65ff.) aus. Stellen Sie sich vor, wie Sie in das leuchtende Feld des vereinigten Chakras eintauchen. Dieses Feld ist Ihr »Operationsraum«. Wenn Sie eine Behandlung für eine Freundin oder Klientin durchführen, stellen Sie sich vor, dass Sie beide im vereinigten Chakra verweilen und wie die beiden Felder miteinander verbunden sind. Die Meditation sollte etwa zwei bis drei Minuten dauern, damit der Beginn der eigentlichen

Behandlung nicht zu lange hinausgezögert wird. Nach der Meditation folgt eine kurze innere Anrufung. Bitten Sie Nathaniel und die Elise-Engel, da zu sein, und seien Sie sich bewusst, dass Sie der lebendige Kanal sind, ein Werkzeug, mit dem die Engel nun zu wirken beginnen. Erzeugen Sie Liebe und Mitgefühl in Ihrem Herzen, aber lassen Sie alle eigenen Vorstellungen davon los, was gut für Sie selbst oder für Ihre Klientin wäre. Ihre Verantwortung besteht darin, Elise-Energie zu übertragen. Nicht mehr und nicht weniger.

Die Grundbehandlung

Der Ablauf der Behandlung geschieht in dreizehn Positionen: der Eröffnungsposition und zwölf weiteren Positionen. Jede Position wird für etwa zwei Minuten gehalten. Die eigentliche Behandlungsdauer beträgt also etwa fünfundzwanzig bis dreißig Minuten. Das Herzchakra spielt dabei eine zentrale Rolle, denn es wird bei den meisten Positionen berührt. Neben den Chakren gibt es jeweils sechs Berührungspunkte auf den Meridianlinien, die auf der linken und rechten Körperhälfte identisch sind, also zwölf Berührungspunkte im Meridiansystem. Die Illustration auf der folgenden Seite zeigt Ihnen die Punkte.

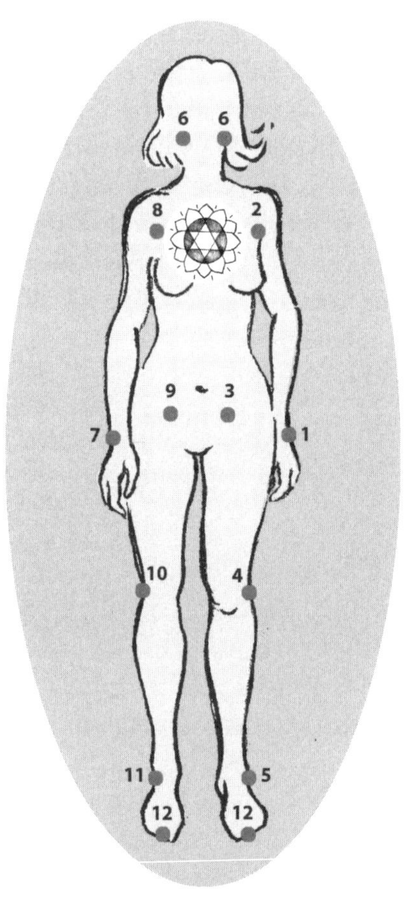

Wichtig:
Die Punkte liegen immer auf der Außenseite des Körpers.

Der Einfachheit halber werden die Berührungspunkte nach ihrer anatomischen Lage benannt:

Punkt 1 (links) und 7 (rechts): Handgelenkpunkte
Punkt 2 (links) und 8 (rechts): Achselpunkte
Punkt 3 (links) und 9 (rechts): Leistenpunkte
Punkt 4 (links) und 10 (rechts): Kniebeugepunkte
Punkt 5 (links) und 11 (rechts): Knöchelpunkte
Punkt 6: Ohrenpunkte
Punkt 12: Fußpunkte

Die Berührungspunkte befinden sich in der Nähe von Meridianpunkten, haben aber bei der Elise-Behandlung nicht die gleiche Bedeutung wie in der Traditionellen Chinesischen Medizin. Bei der Elise-Behandlung wird mit diesen Punkten das axiatonale System aktiviert.
Als Anhaltspunkt für die Lage unserer Elise-Positionen gebe ich für Interessierte den jeweiligen klassischen Meridiannamen aus dem Umkreis des Elise-Punktes und den dazugehörigen Meridian aus dem traditionellen System an. Bitte bedenken Sie jedoch, dass eine Elise-Behandlung ein anderes Konzept darstellt als eine Behandlung in Traditioneller Chinesischer Medizin. Bei der Elise-Behandlung wird in erster Linie »Qi des früheren Himmels« zugeführt. Das darf und kann dann natürlich Auswirkungen auf den physischen Körper

haben. Es darf und kann auch unsere Art zu fühlen und zu denken positiv beeinflussen, und natürlich bewegt Elise auch etwas im spirituellen Bereich.
Ich beschreibe zuerst die Positionen zur Selbstbehandlung, so wie ich mich selbst behandle, und anschließend die Positionen zur Behandlung von Klienten. Es gibt dabei geringfügige Abweichungen. Sowohl für die Selbstbehandlung als auch für die Behandlung von Klienten gilt, dass Sie frei sind, auch andere Formen zu wählen. Die hier vorgestellte klassische Variante ist jedoch bewährt und empfiehlt sich vor allem bei den ersten Behandlungen. Die angegebenen Punkte sind von Bedeutung für die Belebung des axiatonalen Systems.

Die Eigenbehandlung

Die Eröffnungsposition

Sie liegen auf dem Rücken, die Augen sind geschlossen. Legen Sie die rechte Hand auf das Herzchakra. Die linke Hand legen Sie auf Ihr Wurzelchakra. Lassen Sie Elise-Energie fließen. Denken Sie dabei: »Elise fließe«. Mit der linken Hand zeichnen Sie über dem Wurzelchakra eine sich öffnende Spirale, die sich entgegen dem Uhrzeigersinn bewegt, und sprechen dabei das Mantra »Sad Na«. Die Chakren werden davon geweitet und

das Mantra ist eines der Codewörter der neuen, jungen Spiritualität und bedeutet »Öffnung«.
Da ich persönlich mit den Worten aus der Lichtsprache nicht so viel anfangen kann, habe ich mir eine Eselsbrücke zum Sanskrit gebaut. Sanskrit ist die älteste Sprache der Welt und »Sad« erinnert mich an »Sathya«, das heißt Wahrheit. »Na« erinnert mich an die Bedeutung von »Erde«, das in einem Gebet zur Weisheitsgottheit vorkommt. So hat »Sad Na« für mich die Bedeutung »die Wahrheit auf die Erde bringen«. Wahrheit steht in Bezug zum Herzchakra und Erde steht in Bezug zum Wurzelchakra. So passt das für mich ganz wunderbar und ich kann mit dieser persönlichen Interpretation gut leben und arbeiten.

Nach der Eröffnung gilt: Zuerst wird die linke Körperseite behandelt, anschließend die rechte. Die Hände und die Fingerspitzen werden direkt auf die Haut aufgelegt.

Die 1. Position

Legen Sie die linke Handfläche auf das Herzchakra und Zeige- und Mittelfinger der anderen Hand auf den linken Handgelenkpunkt (Punkt 1). In der Traditionellen Chinesischen Medizin liegt dort das »Tal des Yang«, das zum Dünndarmmeridian gehört. Versinken Sie für einen kurzen

Zeitraum ganz tief in sich und sprechen Sie dabei drei- bis fünfmal »MILA«, während Heilimpulse aus Ihren beiden Fingerspitzen strömen. Anschließend lassen Sie Elise-Energie fließen und denken dabei »Elise fließe«.

Die 2. Position

Lassen Sie die linke Hand auf dem Herzchakra ruhen und gehen Sie mit den Fingerspitzen der rechten Hand zum linken Achselpunkt (Punkt 2). In der Traditionellen Chinesischen Medizin liegt dort »der Palast der Mitte«, der zum Lungenmeridian gehört. Zugleich ist diese Position verbunden mit dem Herzmeridian. Versinken Sie für einen kurzen Zeitraum ganz tief in sich und sprechen Sie dabei drei- bis fünfmal »MILA«, während Heilimpulse aus Ihren beiden Fingerspitzen strömen. Anschließend lassen Sie Elise-Energie fließen und denken dabei »Elise fließe«.

Die 3. Position

Nun wechseln Sie und legen die rechte Hand auf das Herzchakra. Mit den Fingerspitzen der anderen Hand gehen Sie zum linken Leistenpunkt (Punkt 3). In der Traditionellen Chinesischen Medizin liegt dort der Punkt »voller Schwung und Energie«, der zum Magenmeridian gehört. Versinken Sie für einen kurzen Zeitraum ganz tief in sich und sprechen Sie dabei drei- bis fünfmal »MILA«, während Heilimpulse aus Ihren beiden Fingerspitzen strömen. Anschließend lassen Sie Elise-Energie fließen und denken dabei »Elise fließe«.

Die 4. Position

Lassen Sie die rechte Hand auf dem Herzchakra ruhen, mit den Fingerspitzen der anderen Hand gehen Sie zum linken Kniebeugepunkt (Punkt 4). In der Traditionellen Chinesischen Medizin liegt hier der Punkt »die Quelle am sonnenbeschienenen Hügel«, der zum Gallenmeridian gehört. Versinken Sie für einen kurzen Zeitraum ganz tief in sich und sprechen Sie dabei drei- bis fünfmal »MILA«, während Heilimpulse aus Ihren beiden Fingerspitzen strömen. Anschließend lassen Sie Elise-Energie fließen und denken dabei »Elise fließe«.

Die 5. Position

Lassen Sie die rechte Hand auf dem Herzchakra ruhen, mit den Fingerspitzen der anderen Hand gehen Sie zum linken Knöchelpunkt (Punkt 5). Dazu winkeln Sie am besten die Knie an, damit Sie den Knöchel bequem erreichen können. In der Traditionellen Chinesischen Medizin liegt hier der Punkt »Olympus«, der zum Blasenmeridian gehört. Versinken Sie für einen kurzen Zeitraum ganz tief in sich und sprechen Sie dabei drei- bis fünfmal »MILA«, während Heilimpulse aus Ihren beiden Fingerspitzen strömen. Anschließend lassen Sie Elise-Energie fließen und denken dabei »Elise fließe«.

Die 6. Position

Nun gehen Sie mit den Fingerspitzen der linken Hand auf den linken Ohrpunkt (Punkt 6) und mit den Fingerspitzen der rechten Hand auf den rechten Ohrpunkt hinter und unter den Ohrläppchen. In der Traditionellen Chinesischen Medizin liegt hier der Punkt »kostbarer Windschutz aus Jade«, der zum Dreifach-Erwärmer-Meridian gehört. Versinken Sie für einen kurzen Zeitraum ganz tief in sich und sprechen Sie dabei drei- bis fünfmal »MILA«, während Heilimpulse aus Ihren beiden Fingerspitzen strömen. Anschließend lassen Sie Elise-Energie fließen und denken dabei »Elise fließe«.

Die 7. Position

Wie Position 1, jedoch mit vertauschten Körperseiten. Legen Sie die rechte Handfläche auf das Herzchakra und Zeige- und Mittelfinger der linken Hand auf den rechten Handgelenkpunkt (Punkt 7). Versinken Sie für einen kurzen Zeitraum ganz tief in sich und sprechen Sie dabei drei- bis fünfmal »MILA«, während Heilimpulse aus Ihren beiden Fingerspitzen strömen. Anschließend lassen Sie Elise-Energie fließen und denken dabei »Elise fließe«.

Die 8. Position

Wie Position 2, jedoch mit vertauschten Körperseiten. Lassen Sie die rechte Handfläche auf dem Herzchakra ruhen und gehen Sie mit Zeige- und Mittelfinger der anderen Hand auf den rechten Achselpunkt (Punkt 8). Versinken Sie für einen kurzen Zeitraum ganz tief in sich und sprechen Sie dabei drei- bis fünfmal »MILA«, während Heilimpulse aus Ihren beiden Fingerspitzen strömen. Anschließend lassen Sie Elise-Energie fließen und denken dabei »Elise fließe«.

Die 9. Position

Wie Position 3, jedoch mit vertauschten Körperseiten. Wechseln Sie mit der linken Handfläche zum Herzchakra und gehen Sie mit Zeige- und Mittelfinger der anderen Hand auf den rechten Leistenpunkt (Punkt 9). Versinken Sie für einen kurzen Zeitraum ganz tief in sich und sprechen Sie dabei drei- bis fünfmal »MILA«, während Heilimpulse aus Ihren beiden Fingerspitzen strömen. Anschließend lassen Sie Elise-Energie fließen und denken dabei »Elise fließe«.

Die 10. Position

Wie Position 4, jedoch mit vertauschten Körperseiten. Lassen Sie die linke Handfläche auf dem Herzchakra ruhen und gehen Sie mit Zeige- und Mittelfinger der anderen Hand auf den rechten Kniebeugepunkt (Punkt 10). Versinken Sie für einen kurzen Zeitraum ganz tief in sich und sprechen Sie dabei drei- bis fünfmal »MILA«, während Heilimpulse aus Ihren beiden Fingerspitzen strömen. Anschließend lassen Sie Elise-Energie fließen und denken dabei »Elise fließe«.

Die 11. Position

Wie Position 5, jedoch mit vertauschten Körperseiten. Lassen Sie die linke Handfläche auf dem Herzchakra ruhen und gehen Sie mit Zeige- und Mittelfinger der anderen Hand auf den rechten Knöchelpunkt (Punkt 11). Versinken Sie für einen kurzen Zeitraum ganz tief in sich und sprechen Sie dabei drei- bis fünfmal »MILA«, während Heilimpulse aus Ihren beiden Fingerspitzen strömen. Anschließend lassen Sie Elise-Energie fließen und denken dabei »Elise fließe«.

Die 12. Position

Ziehen Sie nun Ihre beiden Füße so dicht an Ihren Unterleib heran, wie es Ihnen möglich ist, damit Sie mit den Fingerspitzen Ihrer beiden Hände je-

weils den Fußpunkt (Punkt 12) berühren können. In der Traditionellen Chinesischen Medizin handelt es sich hierbei um den Punkt »die sprudelnde Quelle«, der zum Nierenmeridian gehört. Versinken Sie für einen kurzen Zeitraum ganz tief in sich und sprechen Sie dabei drei- bis fünfmal »MILA«, während Heilimpulse aus Ihren beiden Fingerspitzen strömen. Anschließend lassen Sie Elise-Energie fließen und denken dabei »Elise fließe«.
Sollte es Ihnen nicht möglich sein, die letzte Position bei sich selbst durchzuführen, dann stellen Sie sich einfach vor, dass die Elise-Engel Ihre Fußpunkte berühren.

Damit ist die klassische Grundbehandlung beendet. Wenn Sie möchten, können Sie sich zum Abschluss noch einmal die Hände auf Herz und Bauch legen und mit dem Gedanken »Elise fließe« die Energie strömen lassen.
Beenden Sie die Übertragung ganz bewusst, zum Beispiel, indem Sie die Hände neben sich legen und anschließend den »Operationsraum« des vereinigten Chakras in Ihrer Vorstellung auflösen. Stellen Sie sich vor, wie die goldene Kugel des achten Chakras die Öffnung schließt und das leuchtende Feld, das Sie umgeben hat, erlischt. Sie können sich das Schließen des achten Chakras wie das Zudrehen des Wasserstrahls eines Duschkop-

fes vorstellen. Vergessen Sie möglichst nicht, sich aus vollem Herzen bei den Elise-Engeln und bei Nathaniel, dem wunderbaren Heiler-Engel, zu bedanken.
Nach der Behandlung bleiben Sie am besten noch eine Weile entspannt liegen und genießen die wohltuende Empfindung, die sich in Ihnen ausgebreitet hat.

Die Behandlung von Klienten

Wenn Sie Freunde oder Klienten mit Elise-Energie behandeln, ist die Vorgehensweise bis auf kleine Abweichungen fast identisch. Ihr Klient liegt auf der Behandlungsliege und nach der Meditation des vereinigten Chakras und der Anrufung des Engels Nathaniel und der Elise-Engel führen Sie die Behandlung wie folgt durch:

Die Eröffnungsposition

Treten Sie von der linken Seite an Ihre Klientin heran und halten Sie in einem Abstand von etwa fünf bis zehn Zentimetern die rechte Hand über das Herzchakra und die linke Hand über das Wurzelchakra. Achten Sie bei dieser Position darauf, Ihre Klientin nicht direkt zu berühren, und halten Sie angemessenen Abstand. Lassen Sie Elise-Energie fließen. Denken Sie dabei

»Elise fließe«. Mit der linken Hand zeichnen Sie über dem Wurzelchakra eine sich öffnende Spirale, die sich entgegen dem Uhrzeigersinn bewegt, und sprechen dabei das Mantra »Sad Na«.

Nach der Eröffnung behandeln Sie zuerst die linke und anschließend die rechte Körperseite. Anders als bei der Eröffnung werden von nun an die Positionen direkt berührt, ohne Abstand.

Die 1. Position

Legen Sie eine Handfläche auf das Herzchakra und Zeige- und Mittelfinger der anderen Hand auf den linken Handgelenkpunkt (Punkt 1). Versinken Sie für einen kurzen Zeitraum ganz tief in sich und sprechen Sie dabei drei- bis fünfmal »MILA«, während Heilimpulse aus Ihren beiden Fingerspitzen strömen. Anschließend lassen Sie Elise-Energie fließen und denken dabei »Elise fließe«.

Die 2. Position

Lassen Sie die Fingerspitzen auf dem linken Handgelenkpunkt liegen, mit den Fingerspitzen der anderen Hand gehen Sie zum linken Achselpunkt (Punkt 2). Versinken Sie für einen kurzen Zeitraum ganz tief in sich und sprechen Sie dabei drei- bis fünfmal »MILA«, während Heilimpulse aus Ihren beiden Fingerspitzen strömen. Anschließend lassen Sie Elise-Energie fließen und denken dabei »Elise fließe«.

Die 3. Position

Legen Sie Ihre Handfläche wieder zurück auf das Herzchakra, mit den Fingerspitzen der linken Hand gehen Sie zum linken Leistenpunkt (Punkt 3). Versinken Sie für einen kurzen Zeitraum ganz tief in sich und sprechen Sie dabei drei- bis fünfmal »MILA«, während Heilimpulse aus Ihren beiden Fingerspitzen strömen. Anschließend lassen Sie Elise-Energie fließen und denken dabei »Elise fließe«.

Die 4. Position

Lassen Sie Ihre Handfläche auf dem Herzchakra liegen, mit den Fingerspitzen der anderen Hand gehen Sie zum Kniebeugepunkt (Punkt 4). Versinken Sie für einen kurzen Zeitraum ganz tief in sich und sprechen Sie dabei drei- bis fünfmal »MILA«, während Heilimpulse aus Ihren beiden Fingerspitzen strömen. Anschließend lassen Sie Elise-Energie fließen und denken dabei »Elise fließe«.

Die 5. Position

Lassen Sie die Handfläche auf dem Herzchakra, mit den Fingerspitzen der anderen Hand gehen

Sie zum linken Knöchelpunkt (Punkt 5). Wenn der Abstand vom Herz zum Knöchel zu groß ist, können Sie alternativ auch die Verbindung »Leistenpunkt – Knöchelpunkt« (Punkt 3 und Punkt 5) verwenden. Versinken Sie für einen kurzen Zeitraum ganz tief in sich und sprechen Sie dabei drei- bis fünfmal »MILA«, während Heilimpulse aus Ihren beiden Fingerspitzen strömen. Anschließend lassen Sie Elise-Energie fließen und denken dabei »Elise fließe«.

Die 6. Position

Gehen Sie zum Kopf der Klientin und legen Sie die Fingerspitzen der linken Hand auf den einen und die Fingerspitzen der rechten Hand auf den anderen Ohrpunkt (Punkt 6) hinter den Ohrläppchen. Versinken Sie für einen kurzen Zeitraum ganz tief in sich und sprechen Sie dabei drei- bis fünfmal »MILA«, während Heilimpulse aus Ihren beiden Fingerspitzen strömen. Anschließend lassen Sie Elise-Energie fließen und denken dabei »Elise fließe«.

Die 7. Position

Wie Position 1, jedoch auf der rechten Körperseite der Klientin.

Die 8. Position

Wie Position 2, jedoch auf der rechten Körperseite der Klientin.

Die 9. Position

Wie Position 3, jedoch auf der rechten Körperseite der Klientin.

Die 10. Position

Wie Position 4, jedoch auf der rechten Körperseite der Klientin.

Die 11. Position

Wie Position 5, jedoch auf der rechten Körperseite der Klientin.

Die 12. Position

Gehen Sie zu den Füßen der Klientin und legen Sie die Fingerspitzen Ihrer beiden Hände jeweils auf den Fußpunkt (Punkt 12). In der Traditionellen Chinesischen Medizin handelt es sich hierbei um den Punkt »die sprudelnde Quelle«, der zum Nierenmeridian gehört. Versinken Sie für einen kurzen Zeitraum ganz tief in sich und sprechen Sie dabei drei- bis fünfmal »MILA«, während Heilimpulse aus Ihren beiden Fingerspitzen strömen. Anschließend lassen Sie Elise-Energie fließen und denken dabei »Elise fließe«.

Damit ist die klassische Grundbehandlung beendet. Wenn Sie möchten, können Sie zum Abschluss noch einmal die Hände über Herz und Bauch Ihrer Klientin legen und Elise-Energie fließen lassen. Beenden Sie die Übertragung ganz bewusst, zum Beispiel, indem Sie sich mit gefalteten Händen kurz verbeugen. Treten Sie einen Schritt zurück, aus dem gemeinsamen Energiefeld heraus, und hüllen Sie Ihre Klientin zum Abschluss noch einmal in die Vorstellung von klarem, heilendem Licht. Danach können Sie den »Operationsraum« des gemeinsamen vereinigten Chakras auflösen. Stellen Sie sich vor, wie die goldene Kugel des achten Chakras die Öffnung schließt und das leuchtende Feld, das Sie selbst und Ihre Klientin umgeben hat, erlischt. Sie können sich das Schließen des achten Chakras wieder wie das Zudrehen des Wasserstrahls eines Duschkopfes vorstellen.

Bedanken Sie sich bei Nathaniel und den Elise-Engeln. Bedanken Sie sich auch bei Ihrer Klientin für das Vertrauen, das sie Ihnen geschenkt hat. Freuen Sie sich über die wunderbare Arbeit, die Sie soeben tun durften.

Dann lassen Sie Ihrer Klientin noch ein wenig Zeit. Sie ist wahrscheinlich in einer tiefen Entspannung und kann noch nicht gleich aufstehen. Berühren Sie die Klientin, wenn nötig, nach ein paar Minuten sanft am Arm und signalisieren Sie damit, dass die Behandlung zu Ende ist. Wenn sie sich auf der Liege zum Sitzen aufgerichtet hat, bieten Sie ihr noch einmal ein Glas Wasser an.

Nach der Behandlung wäre noch einmal Zeit zum Reden. Doch meistens ist der Strom der unruhigen Gedanken zur Ruhe gekommen und es gibt gar nicht viel zu besprechen. Wenn Ihre Arbeit gut angekommen ist, dann ist das sowohl für Sie als auch für Ihre Klientin ein guter Grund, sich zu freuen. Seien Sie eher zurückhaltend mit Worten. Stellen Sie sich vor, wie es ist, wenn ein Engel Heilarbeit macht. Er würde wohl einfach nur da sein, die Wesen berühren, liebende Güte praktizieren und die Gewissheit ausstrahlen, dass alles gut ist. Vertrauen in das höhere Bewusstsein ist das Schlüsselwort: Vertrauen in jene bereits erwähnte universelle Verantwortung des höheren Bewusstseins, die voller Mitgefühl, Weisheit und Kraft ist und in jedem von uns als Same schlummert und darauf wartet, erwachen und wachsen zu dürfen.
Mit der Zeit werden Sie erfahren, dass Menschen unterschiedlich auf die Elise-Energie reagieren. Manche saugen sie auf wie ein Verdurstender in der Wüste, manche gehen in tiefe Trance und andere spüren nichts Außergewöhnliches, berichten aber später von einer Besserung ihres Anliegens.

Die Fernbehandlung

Genauso wie bei Reiki können auch Elise-Behandlungen unabhängig von der räumlichen Entfernung gegeben werden. Ich halte mich dabei an die Richtlinien des Dachverbands für Geistiges Heilen und stelle bei Fernbehandlungen telefonischen Kontakt her. Dadurch können meine Klienten sicher sein, dass ich tatsächlich für Sie arbeite.
Der Ablauf ist im Wesentlichen derselbe. Meine Klientin und ich sprechen zuerst am Telefon über das Anliegen und in der Regel habe ich ein spezielles Gebet oder eine gute Übung dafür. Wenn eine Elise-Behandlung vereinbart ist, bitte ich meine Klientin, sich zu Hause bequem hinzulegen und das Telefon auf laut zu stellen, damit sie die Begleitmusik hören kann. Ich lege den Telefonhörer an die Boxen meiner Stereoanlage, schalte die Elise-Begleitmusik an und vergewissere mich, dass meine Klientin die Musik leise hört. Während der eigentlichen Behandlung sprechen wir nicht miteinander.
Ich verbinde die Elise-Behandlung gerne mit dem aramäischen Vater-Mutter-Unser, das hört meine Klientin dann vielleicht als leises Murmeln im Hintergrund.
Zu Beginn der Behandlung stimme ich mich ein, rufe die Elise-Engel und nenne Name und Ge-

burtsdatum meiner Klientin. Ich bitte die Elise-Engel, die Behandlung durchzuführen. So wird der Geistesstrom der Heilungsabsicht erzeugt, der die Fernbehandlung ermöglicht. Ich führe die Behandlung genauso durch, wie oben bei der Grundbehandlung beschrieben. Anstelle des Körpers der Klientin verwende ich jedoch ein Blatt Papier mit der Grafik der Behandlungspunkte (siehe Seite 101). Name und Geburtsdatum sowie die Behandlungstermine sind auf dem Papierbogen notiert.

Am Ende der Behandlung melde ich mich wieder telefonisch bei meiner Klientin, erkundige mich nach ihrem Wohlergehen, bedanke mich für das Vertrauen und verabschiede mich.

Es ist auch möglich, Fernbehandlungen für mehrere Personen gleichzeitig durchzuführen. Diese Praxis wende ich allerdings nur an, wenn die jeweiligen Personen wissen, dass sie nicht allein behandelt werden, und damit auch einverstanden sind. Da ich nicht gleichzeitig mit mehreren Leuten telefonieren kann, verlange ich für »Massenbehandlungen« kein Geld. Freunden und Verwandten, die ich gerne mit Elise beglücken möchte, fällt es normalerweise leichter, das Geschenk anzunehmen, wenn sie wissen, dass für mich kein zusätzlicher Aufwand damit verbunden ist. Menschen haben meist ein angeborenes Gefühl für den

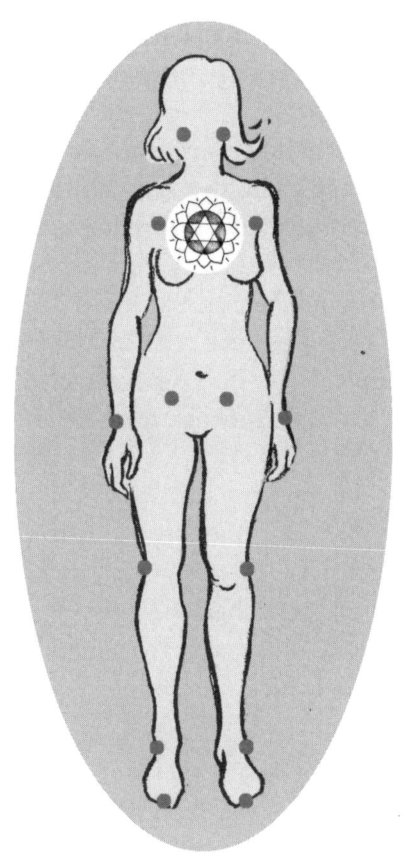

stimmigen Ausgleich in sich und fühlen sich nach einem Geschenk irgendwie innerlich zu einer Gegenleistung verpflichtet. Dieses Gefühl der Schuldigkeit kann ich so abfedern und darf trotzdem ein bisschen großzügig sein. Auch »Elise-Mas-

senbehandlungen« funktionieren gut. Schließlich sind Engel in ihrer Wirkungsweise nicht so eingeschränkt wie wir.
Wie bei Reiki funktioniert auch die Fernübertragung unabhängig von der Zeit. Wir haben das in der Ausbildungsgruppe untereinander getestet – mit Erfolg. Die Elise-Energie ist definitiv jeweils zur vereinbarten Zeit angekommen, egal ob wir sie in die Vergangenheit oder in die Zukunft geschickt haben. Diese Praxis wende ich jedoch nur selten an. Ich bevorzuge die Jetzt-Zeit.

Nachdem bei einem Elise-Seminar alle diese Punkte besprochen und verstanden, die Berührungspunkte sicher ertastet wurden und eine Probe-Behandlung durchgeführt wurde, schreiten wir nach einer Pause zum Höhepunkt des Seminars, zur Einweihung.

Die Einweihung

Wenn Sie sich entschließen, ein Elise-Seminar zu besuchen, werden Sie gebeten, für die Einweihung weiße Kleidung mitzubringen. Das Anlegen spezieller »heiliger« Gewänder zu besonderen Gelegenheiten ist ein sehr alter Brauch. Wir heiraten nicht im Alltagskittel und unsere Kinder tragen zur Feier des Schulabschlusses einen Anzug oder ein Ballkleid. Besondere Gewänder gehören auch zum Priestertum. Bei der Elise-Einweihung wählen wir die Farbe Weiß, da es die Farbe des klaren Lichtes ist und die traditionelle Farbe der Kleidung der Heilberufe. In buddhistischen Texten heißen die Laienanhänger des Buddha, die sich ganz besonders um eine ethische Lebensführung bemühen und das Ziel der Erleuchtung anstreben, »die Weißgewandeten«.

Die Einweihung selbst dauert eine gute Stunde und man sitzt oder liegt währenddessen entspannt, mit nach oben geöffneten Handflächen, auf einem Sessel oder einer Liege.
Der Einweihungstext besteht aus zwei Teilen, der Begrüßung und der eigentlichen Einweihung. Der Text stammt aus einem Channeling von Nama'Him und wird von einer CD abgespielt. Die Elise-Trainerin sitzt in konzentriert-meditativem Geisteszustand im Raum und hält als Kanal die Energie.
In der ersten Hälfte der Einweihung erscheint der Engel Nathaniel durch die Worte des Mediums in unserem Geist, stellt sich vor und begrüßt uns. Nathaniel spricht von seiner bedingungslosen Liebe und über die Kunst des Dienens. Er versichert uns, dass wir kostbare Wesen und es wert

sind, diese Initiation zu empfangen. Er erinnert uns daran, dass wir bei allen unseren Begegnungen immer auf die innere Lichtnatur der Wesen schauen sollen und dass wir mit allem verbunden sind. Die Schattenanteile anderer Wesen sollen wir nicht bewerten und nicht darüber urteilen, aber uns auch nicht davon anstecken lassen. Nathaniel spricht von Nächstenliebe und davon, dass er von nun an immer an unserer Seite stehen wird, wenn wir mit Elise heilen. Er stellt auch die Elise-Engel seines Gefolges vor, die ihn begleiten, die uns in diesem heiligen Moment auf die Initiation vorbereiten und uns reinigen.
Bereits während dieser ersten Phase der Einweihung gleiten wir in einen wunderbar entspannten Zustand und fühlen uns wie auf Blumen gebettet.
In der zweiten Phase der Einweihung tauchen wir noch tiefer in einen Trancezustand und fühlen uns sehr leicht und glücklich. Nathaniel spricht währenddessen von seiner Freude über die Erlaubnis, unsere energetischen Strukturen zu heilen und unsere Lichtkanäle zu öffnen und zu heiligen. Er bittet uns, unsere Herzen zu öffnen, und lädt unseren spirituellen Körper ein zu einer Reise durch ein Sternentetraedertor hindurch zum Planeten Sirius, der Weihestätte und dem Schulungszentrum der höchsten Heiler und Engel. Unser physischer Körper bleibt in der Obhut der Engel,

während unser Lichtkörper mit unserem Einverständnis die Einweihung erhält.
Wir werden in unserem Herzen, am dritten Auge, an den Handflächen und den Fingerspitzen unserer Zeige- und Mittelfinger von Nathaniel berührt und so mit der Elise-Frequenz verbunden. Nathaniel versichert uns seine Liebe und dass er von nun an immer, wenn wir ihn rufen, da sein wird. Er wird durch uns heilen, uns selbst und andere. Dann zieht sich Nathaniel zurück, bedankt sich und weist darauf hin, dass Elise-Engel aus seinem Gefolge noch einige Stunden an unserer Seite bleiben, um uns zu behüten. Von nun an sind wir als Elise-Heilerinnen ein Geschenk an die Menschheit.
Anschließend bleiben wir noch eine Weile in der Stille und in dem Gefühl, das die unmittelbare Begegnung mit Nathaniel in uns geweckt hat.

Die Essenz der Einweihung ist nicht so sehr die Botschaft oder der Text, sondern das Gefühl, das in uns entsteht.

Ich habe schon viele geführte Meditationen erlebt, aber keine davon war vergleichbar mit der Elise-Einweihung. Viele Therapeuten können angenehme Gefühle durch eine Kombination von körperlicher Entspannung, freundlicher Atmosphäre, sanfter Musik und einer geführten Meditation in tiefere oder höhere Schichten unseres Bewusstseins hervorrufen. Ein direkter Kontakt mit Wesen aus anderen Welten ist jedoch etwas gänzlich anderes und ein solcher geschieht bei der Elise-Einweihung.

Um als Heilerin mit der Elise-Energie für sich selbst oder andere wirken zu können, ist die Einweihung erforderlich. Sie wird eigentlich nicht von der Elise-Trainerin selbst durchgeführt, sondern von Nathaniel.

Nach der Einweihung zur Elise-Heilerin folgt ein 21-Tage-Prozess, in dem sich die Elise-Energie in Ihrem Biosystem stabilisiert. Ich fühlte mich während dieses Prozesses sehr glücklich und war immer wieder überrascht, mit welcher Intensität sich die Elise-Energie während der Eigenbehandlungen in mir ausbreitete. In diesen drei Wochen ist es ratsam, sich viel Zeit für sich selbst und für die eigenen Behandlungen zu nehmen. Erst danach sollten Sie damit beginnen, auch andere Menschen zu behandeln.

Wenn Sie sich berufen fühlen, die Elise-Energie als Multiplikatorin zu verbreiten, können Sie eine weitere Einweihung zur Elise-Trainerin erhalten. Voraussetzung ist, dass man zuvor die erste Einweihung als Elise-Heilerin erhalten hat. Hier werden die Lehrinhalte vertieft, sodass man besser in der Lage ist, diese auch weiterzugeben. Bei der zweiten Einweihung erteilt Nathaniel dann die Ermächtigung, von nun an als Multiplikatorin für Elise zu wirken. Wenn Sie sich zu diesem Schritt entscheiden, können Sie nach dem zweiten Seminar selbst Einweihungen durchführen. Ferneinweihungen sind nach Aussage von Nama'Him nicht möglich.

Erfahrungsberichte aus der Praxis

Elise-Behandlungen sind eine wunderbare Sache. Beim spirituellen Heilen lässt sich der wissenschaftliche Beweis für eine Linderung oder Heilung von Beschwerden jedoch bekanntlich nicht so leicht erbringen. Wer aber offen für neue Erfahrungen ist, sollte sich einmal eine Behandlung gönnen und am eigenen Leib ausprobieren, ob etwas passiert.

Ich habe gehört, dass nach Elise-Behandlungen Schmerzen verschwunden sind, Prüfungsängste unter Kontrolle gebracht wurden, Schlafstörungen aufhörten oder am nächsten Morgen eine Großputzaktion gestartet wurde. Essgewohnheiten wurden umgestellt und sehr alte Prägungen von Verbitterung wichen einer wachsenden Zuversicht. Patienten fühlten sich getröstet und geborgen und fingen an, ihr Leben neu zu gestalten. Es wurden neue Berufsziele gesteckt und Keller und Speicher entrümpelt. Sogar ein Ehemann wurde angesteckt und schaffte endlich Ordnung

im Hobbyraum. Feindschaften wurden befriedet. Manche begannen, regelmäßig Sport zu treiben und nahmen das schon verloren geglaubte Ringen mit alten Süchten wieder auf. Manch einer hörte mit dem Rauchen auf, einem anderen schmeckte der Wein nicht mehr und er wechselte zum Früchtetee.
Es gibt außergewöhnliche »Wunderheilungen«, aber auch hartnäckige Fälle, die besonders viel Zuwendung seitens der Elise-Engel bedürfen. Ich hatte bei Fernübertragungen zweimal die Rückmeldung, dass Schmerzen schlimmer geworden wären, sodass die Behandlung abgebrochen wurde. Ich möchte das nicht verschweigen. Es kann passieren, dass es auch bei Elise, ähnlich wie bei homöopathischen Behandlungen, zu einer Erstverschlechterung kommt. Vielleicht hat so eine Erstverschlechterung mit karmischen Eindrücken zu tun, die erst beseitigt werden müssen – und sei es durch eine kurzfristige Verschlechterung.
Zwischen den beiden Extremen »Wunderheilung« und »Elise hat gar nicht geholfen« gibt es zahlreiche Zwischentöne: Ein Mann, dessen Schmerzen nach einer schweren Operation nach nur zwei Behandlungen verschwanden. Eine ältere Dame, die allmählich damit aufhörte, sich ständig das Schlimmstmögliche auszudenken und sich selbst und ihre Angehörigen damit zu belasten. Ein jun-

ger Mann, der selbstbewusster wurde und sich erfolgreich gegen Mobbing zur Wehr setzte. Eine Frau, die auf einmal die eingeschlafene Liebe zu ihrem Mann wieder neu entdeckte.
Wenn ich von Elise nicht so überzeugt wäre, hätte ich dieses Buch nicht geschrieben. Ich hoffe, dass meine Begeisterung auf Sie ansteckend wirkt und dass Sie die Elise-Energie am eigenen Leib kennenlernen möchten.
Ich werde Ihnen nun exemplarisch ein paar Geschichten aus meiner Praxis erzählen. Selbstverständlich liegt das ausdrückliche Einverständnis für die Veröffentlichung vor und ich möchte mich sehr herzlich dafür bedanken.

Lydia

Lydia, 63 Jahre, litt seit ihrer frühen Jugend an Migräneanfällen. Sie hatte die Hoffnung auf Heilung bereits komplett aufgegeben, da sie schon alle erdenklichen Methoden ausprobiert hatte, von Schulmedizin über Homöopathie, Spagyrik und Anthroposophische Medizin bis zum Zahlenheilen, um nur einige zu nennen. Nichts hatte geholfen, sie hatte lediglich gelernt, mit den Migräneanfällen so umzugehen, dass ihre Lebensqualität nicht zu sehr darunter litt. Lydia kam

auch nicht wegen der Migräne in meine Praxis. Sie hatte meine Bücher zum Thema Geistiges Heilen gelesen, wollte mich persönlich kennenlernen und sich eher vorsorglich behandeln lassen, da sie gerade eine schwere Operation überstanden hatte und ihre Selbstheilungskräfte stärken wollte.
Lydia entschied sich, eine Elise-Behandlung auszuprobieren, und war davon begeistert. Sie sagte, sie sei während der Behandlung in einen ungewöhnlich tiefen, sehr wohltuenden Trancezustand gegangen und habe das Gefühl gehabt, dass sie nicht nur von meinen zwei Händen berührt worden sei, sondern von vielen Händen. Es sei einfach himmlisch gewesen. Die Empfindung von himmlischer Berührung wiederholte sich bei jeder der folgenden Behandlungen.
Weder Lydia noch ich hatten die Absicht, die Migräne zu behandeln. Sie kam im Verlauf eines Jahres insgesamt viermal in meine Praxis. Beim letzten Mal erzählte sie mir, dass nach der dritten Behandlung eine kleine »Wunderheilung« geschehen sei. Sie habe seit drei Monaten keinen Migräneanfall mehr gehabt, was noch nie vorgekommen sei, so lange sie zurückdenken könne.
Ihre Geschichte ist insofern erstaunlich und erfreulich, weil dabei nicht nur das Geistige Heilen mit der Elise-Energie eine Rolle spielte, sondern auch Naturheilverfahren und sogar die Schul-

medizin. Lydia hatte sich fast immer geweigert, die klassischen schulmedizinischen Medikamente zur Behandlung von Migräne zu nehmen. Sie war von Anfang an eine Wegbereiterin in Bezug auf Naturheilverfahren und Komplementärmedizin (sie ist promovierte Apothekerin) und vertritt mit ihrer ganzen Person, natürlich auch beruflich, den Grundsatz: »So viel Schulmedizin wie nötig, so viel Naturheilmittel wie möglich!« In jenem Frühjahr jedoch waren die Migräneanfälle so unerträglich geworden, dass sie nach langer Zeit einmal wieder zur chemischen Keule griff. Doch bald stellten sich Nebenwirkungen ein, die darin gipfelten, dass Lydia während einer Autofahrt eine Herzattacke bekam und fast das Bewusstsein verlor, zum Glück während des Stopps an einer Ampel. Daraufhin schwor sie einen heiligen Eid, die chemische Migräne-Keule nie mehr einzunehmen, und beseitigte die Tabletten mit einem kleinen Ritual. Zufällig gab ihr kurz darauf eine Freundin den Rat, doch einmal die Nasennebenhöhlen untersuchen zu lassen, und sie geriet an eine ausgezeichnete, vertrauenswürdige und ebenfalls alternativ angehauchte Ärztin, die eine bisher unentdeckte, jahrzehntelang verschleppte Infektion diagnostizierte. Diese wurde mit entsprechenden Antibiotika kuriert und anschließend von Lydia selbst mit Naturheilmitteln nachbehandelt. Da-

nach folgten die ersten drei Monate ohne Migräneanfall.
Lydia ist davon überzeugt, dass all diese Geschehnisse von der geistigen Welt gelenkt und geschickt wurden, sodass sie jetzt hoffentlich für den Rest ihres Lebens frei von den grässlichen Schmerzen ihr Dasein genießen kann.
Wir können diese kleine »Wunderheilung« natürlich nicht ausschließlich der Elise-Energie zuordnen. Ich hatte Lydia neben der Elise-Behandlung auch eine Atemmeditation aus dem tibetischen Buddhismus für die tägliche Übung gezeigt, und natürlich wäre ohne die Naturheilkunde und ohne die schulmedizinische Diagnostik und Behandlung mit Antibiotika das Ergebnis nicht so eingetroffen, wie es schließlich der Fall war. Aber sowohl Lydia als auch ich sind überzeugt, dass die Elise-Engel am Wirken waren, damit sich der »offene Raum der Möglichkeiten« so gestalten konnte, dass es zu einer schnellen Heilung kam.

Ich möchte nicht behaupten, dass mit der Elise-Energie generell Migräne zu heilen ist. Das war bei Lydia der Fall und ist nicht grundsätzlich auf andere Menschen übertragbar. Ich möchte jedoch aufzeigen, dass sogar scheinbar Unmögliches möglich sein kann, wenn mit Elise starke, spirituelle Kräfte mit ins Boot geholt werden.

Wolfram

Wolfram, 51 Jahre, erhielt von mir sechs Elise-Behandlungen. Er hatte sich davon keine Wunder erwartet, doch er beschrieb anschließend eine sehr deutliche Präsenz, die nicht einfach aus ihm selbst oder von mir kommen konnte, sondern gleichsam von anderswo. Als hätte sich ein anders geladenes Energiefeld über sein gewöhnliches gelegt. Dieses »Feld« würde er nicht als ein Wesen oder einen Engel bezeichnen, jedoch war es ohne Zweifel eine Kraft. Im Gegensatz etwa zur Reiki-Energie empfand er Elise als aktiver und belebender, ähnlich einem Prickeln oder einer leichten Stromzufuhr. Sein Körper schien in ein Fluidum aus Glück eingetaucht zu sein. Er erlebte die Elise-Behandlung nicht als spektakulär, jedoch als durchweg angenehm.

In psychischer Hinsicht erleichterte der unmittelbare Einfluss der Elise-Behandlung ihm das Loslassen und die Entspannung. Geborgenheit in Anbetracht einer gutwilligen Präsenz stellte sich ein. Er verlor ein wenig das Gefühl seiner eigenen Körpergrenzen und hatte den Eindruck, in warmem Wasser zu treiben oder zu schweben. Trotz der Lebendigkeit der Energieströme konnte er nicht ausschließen, dass er dabei auch mal wegdöste. Nach der Behandlung fühlte er sich etwas verschwommen, jedoch gut und erfrischt. Er wollte sich allerdings anschließend nicht gleich in körperliche Aktivitäten oder sachliche Arbeit stürzen, denn sein Energiesystem war noch eine Weile damit beschäftigt, die Erfahrung zu verarbeiten.

Im Nachhinein berichtete er von einigen bemerkenswerten Entwicklungen, die ungefähr zeitgleich mit den ersten Elise-Behandlungen eingesetzt hatten: So fiel die für ihn typische Januar-Februar-Depression in jenem Jahr praktisch aus. Daran können auch andere Faktoren wie sein selbst gebrauter Kräutertee, weitgehender Alkoholverzicht oder ein Gebetszyklus zur heiligen Martha beteiligt gewesen sein, mit dem er vor Silvester begonnen hatte. Aber die Elise-Behandlungen fielen eben auch in diese Periode. Im Gegensatz zu den Vorjahren hatte er bis Ende April ohne Pause Energie für seine Arbeiten und befand sich auf einem Gipfel seiner Schaffenskraft. Auch richtete er seine Aufmerksamkeit zunehmend auf die Frage, wie er sein Licht beruflich nicht länger unter den Scheffel stellen und seine Talente mehr nach außen hin zeigen könnte. Dabei sei er jedoch nicht zum »Ellbogenmenschen« geworden, sondern habe sich weiterhin um das Wohl ihm nahestehender Menschen gekümmert.

Maria

Maria hat in einer Krisensituation mehrere Fernübertragungen von einer Freundin und Heilerkollegin erhalten – wenn es nicht anders ging, sogar während der Arbeitszeit. Dabei war ein Teil ihrer Aufmerksamkeit immer bei der Elise-Behandlung, während ein anderer Teil auf die Arbeit konzentriert war. Insgesamt fühlte sie sich jedes Mal – trotz des geschäftigen Umfelds in einer Bank – von Glück, Liebe und Zufriedenheit sowie Klarheit und Balance durchflutet. Sie empfand währenddessen und auch danach außerordentliche Dankbarkeit. Sie war froh und sogar ein wenig stolz darauf, dass sie in der glücklichen Lage war, eine Elise-Behandlung geschenkt zu bekommen, dass die geistige Welt anwesend war und dass es eine Elise-Heilerin gab, die für sie diese wunderbare Arbeit tat.

Obwohl die Tätigkeit in der Bank sehr kopflastig war, fühlte sie sich ganz besonders geliebt. Keiner ihrer Kollegen bemerkte etwas Auffälliges, sie fühlte sich innerlich jedoch sehr erfüllt. Auch zu Hause auf der Couch durfte sie einige Elise-Fernübertragungen genießen und ist dabei in einen tiefen meditativen Zustand gekommen. Für Maria ist Elise eine weiß-goldene, federleichte Lebensenergie, die tief in ihre Zellen dringt.

Alexander

Alexander, 41 Jahre, hat nach einer Serie von zehn Fernbehandlungen die Erfahrung gemacht, dass sich die Behandlungen unterschiedlich anfühlen. Bei drei Behandlungen hatte er sehr starke Gefühle von Geborgenheit, Trost und ein das Gemüt erwärmendes, wohliges Gefühl. Er empfand eine Mischung aus Sehnsucht, Hoffnung und Zuversicht. Manchmal hatte er die Vorstellung, dass das Gefühl bei der Elise-Behandlung vielleicht Ähnlichkeit habe mit dem Zustand eines friedlichen Jenseits nach dem Tod.

Es gab auch Fernbehandlungen, bei denen er einfach nur einschlief oder aber von den täglichen Sorgen noch so angespannt war, dass er gar keine Gefühle wahrnehmen konnte.

In jedem Fall aber stellte er nach den Fernbehandlungen einen Wandel in seinem Geist fest. Die Veränderungen waren auch am darauffolgenden Tag deutlich wahrnehmbar: Er war nicht mehr so verbittert über bestimmte Geschehnisse in der Vergangenheit, sondern zuversichtlich im Hinblick auf sein zukünftiges Leben. Die innere Unruhe hatte nachgelassen, das Gefühl von Ohnmacht hatte ebenfalls an Intensität verloren, die seelischen Schmerzen waren kaum mehr spürbar, seine Trauer war verschwunden und seine Ängste ebenfalls. Im Verlauf der Behandlungsserie konnte er auch einige wichtige Erkenntnisse über sich selbst gewinnen.

Luigi

Mit Luigi, 49 Jahre, bin ich seit mehr als zehn Jahren durch eine Brieffreundschaft verbunden. Er war in seiner Jugend drogenabhängig und ist einer der wenigen, die es geschafft haben, von der Sucht loszukommen. Luigi bezeichnet sich selbst jedoch als unheilbar seelisch krank, deshalb haben wir ein kleines Elise-Forschungsprojekt gestartet: Er bekam von mir über einen Zeitraum von etwa neun Monaten Elise als Fernbehandlung.

Nach etwa vier Monaten relativ regelmäßiger Elise-Behandlung schrieb er: »Ich bilde mir ein, dass es ein ganz klein wenig aufwärtsgeht. Ich hänge nicht mehr so durch wie noch vor ein paar Wochen oder Monaten. Ich kriege mehr auf die Reihe und habe binnen der letzten Monate mein Idealgewicht nahezu wiedererlangt. Ein bisschen Sport mache ich jetzt auch.«

Sechs Wochen später berichtete er, dass er seit vier Wochen nikotin- und koffeinfrei sei. Statt Kaffee trinke er nun morgens warmes Wasser mit ausgepresster Zitrone. Weil er gesund, fit und attraktiv sein wolle, verzichte er auch komplett auf Zucker und jegliches Junkfood und mache jeden Tag eine Stunde Sport. Ob das mit Elise zu tun habe, könne er nicht sagen. Der Auslöser für die ganze Umstellung sei eigentlich eine Magenschleimhautentzündung gewesen. Insgesamt fühlte er sich jedoch besser als vor einem Jahr.

Ich finde Luigis Entwicklung sehr positiv. Er hält zwar standhaft daran fest, dass er unheilbar sei und sein verbesserter Zustand nicht unbedingt mit der Elise-Energie zusammenhängen müsse, doch solange Luigi weiterhin an Elise interessiert bleibt und die Behandlungen annimmt, bleiben wir miteinander am Ball.

Schlusswort

In der Klosterbibliothek meines tibetischen Meisters Gonsar Rinpoche las ich im vergangenen Jahr einen Text, in dem erklärt wird, dass die ganz großen Heiler des Buddhismus, die Medizin-Buddhas, ihre eigenen Verdienste uns gewidmet haben, damit wir in den letzten Jahren des dunklen Zeitalters Heilung erfahren können. In diesem Text wird die Widmung ihrer Verdienste wie ein Überweisungsvorgang beschrieben, bei dem mit der angesammelten positiven spirituellen Energie der Medizin-Buddhas unser eigenes Bankkonto aufgefüllt wird.

In meiner persönlichen geistigen Welt, in der Platz ist für viele Religionen, ist Engel Nathaniel ein Medizin-Buddha. Wir leben in einer extrem schwierigen Zeit und ich glaube, dass es Sinn macht, von ganzem Herzen darauf zu vertrauen, dass uns sogar ohne eigenes Verdienst der Segen von Heilung und Kraft zuteilwerden kann. Wir werden uns jedoch trotz dieses Segens auch noch selbst anstrengen müssen. Wenn wir gesund ge-

worden sind und gut in unserer Kraft stehen, können wir leichter dazu beitragen, unsere persönliche Evolution hin zur Erfahrung der »Liebe als kosmische Energie« und hin zur Entwicklung und Bewusstwerdung unseres feinstofflichen Körpers zu vollziehen. So können wir dann auch selbst in der Welt heilsam wirken. Letztlich geht es ja nicht nur um uns, sondern um das Überleben unserer kostbaren, ganz besonderen Spezies mit ihrem wunderbaren Potenzial.
Und wenn wir noch weiter denken, geht es nicht nur um unsere eigene Spezies, sondern um das Wohl aller Wesen in allen Welten. Denn aufgrund der Verbundenheit aller Wesen können nicht einmal die Glücklichen, die in Paradiesen wohnen, wirklich glücklich sein, wenn sie sehen, wie unermesslich andere Wesen leiden.

Während meiner Besuche im Ashram meines indischen Meisters Sri Sathya Sai Baba saßen manchmal Tausende von Menschen jeden Tag zweimal zusammen und sangen miteinander wie aus einem Mund und aus tiefstem Herzen:

Lokah Samasta Sukhino Bhavantu.
Lokah Samasta Sukhino Bhavantu.
Lokah Samasta Sukhino Bhavantu.
Om Shanti, Shanti, Shanti.

Das ist Sanskrit und bedeutet:

> Mögen alle Wesen in allen Welten glücklich sein.
> Mögen alle Wesen in allen Welten glücklich sein.
> Mögen alle Wesen in allen Welten glücklich sein.
> Amen. Möge der universelle Friede überall sein.

Dem ist nichts hinzuzufügen.

Dank

Wir sind auf einer Mission:
Zur Bildung der Erde sind wir berufen.
Novalis

Neben dem Dank an meine kostbaren, inspirierenden spirituellen Meister, meinen geduldigen und feinsinnigen Partner Roland, an meine teilnahmsvolle und rücksichtsvolle Familie, an meine hilfsbereiten Freunde und Freundinnen geht ein spezielles und ganz herzliches Dankeschön an die Gemeinschaft des Retreatzentrums Rabten Tashi Ling in Ungarn für die wohltuende Aufnahme einer ruhebedürftigen Schriftstellerin, an André Nama'Him Meyr für die freundschaftliche Unterstützung und an meine Lektorin Jennifer Grünwald, die sich sehr für Elise engagiert hat und meinen weitschweifenden Geist immer wieder zum Eigentlichen zurückholte, nämlich zu Elise.

Last but not least danke ich den feinstofflichen Wesen, wie auch immer sie heißen mögen und woher auch immer sie kommen, die sicherlich große Mühen auf sich genommen haben, um Klarheit in meinen Geist zu bringen, und mir dabei geholfen haben, Worte zu finden für Erfahrungen und Geschehnisse, die nicht leicht in Worte zu fassen sind.

Interessante Links und weiterführende Literatur

Weblinks

www.elise-energie.de
Während des Schreibens hatte ich die Inspiration, für Elise eine eigene Website zu gestalten. Die Vision ist, dass neben den Kontaktdaten von Elise-Trainerinnen und -Heilerinnen und der Beantwortung möglicher Fragen dort auch weitere Erfahrungsberichte gesammelt werden. Vielleicht kommt über die Website ein guter Austausch zustande. Schauen Sie einfach mal vorbei. Wir freuen uns auf Sie!

www.heilen-mit-herz.de
Homepage meiner Heilpraxis. Hier finden Sie neben den Elise-Seminarterminen auch aktuelle Informationen zu meiner Arbeit als Heilerin und Ausbilderin für Geistiges Heilen.

www.alexgrey.com
Der visionäre, geniale Künstler Alex Grey gibt uns in vielen seiner Gemälde eine Vorstellung von kosmischen Zusammenhängen, axiatonalen Linien und energetischen Heilungen.

Literatur

André Nama'Him Meyr: *Elise. Funke des Erwachens,* Lentos 2014.
André Nama'Him beschreibt in seinem Buch die Geschichte der Elise-Energie von Anfang an. Er geht dabei weit in der Zeit zurück und erzählt von der Bundeslade, von Atlantis und Lemurien, der Entwicklung der Menschheit bis zum heutigen Tag und welche Rolle feinstoffliche Wesen dabei spielen.
www.celeson.com

Cyndi Dale: *Der Energiekörper des Menschen. Handbuch der feinstofflichen Anatomie,* Lotos 2012.
Ein sehr interessanter Atlas mit zahlreichen Grafiken zu den verschiedensten Konzepten aus aller Welt über die feinstofflichen Körper.

Pierre Teilhard de Chardin: *Der Mensch im Kosmos,* C.H. Beck 2010.
Ein wichtiges Buch für an der Evolutionstheorie Interessierte.

Alte Heiltraditionen mit Monika Herz

Heilgebete gewähren Schutz und Stärke für den Alltag. Erstmals versammelt die Autorin in diesem Buch Gebete, die jeder anwenden kann, um sich und anderen zu helfen.

Print: 978-3-485-01319-2 · E-Book: 978-3-485-06084-4

Das Gebet der heiligen Martha wird jeden Dienstag gesprochen und ist kein gewöhnliches Gebet. Es hat große Kraft und das Potenzial, uns selbst und die Welt zu heilen.

ISBN: 978-3-485-02836-3

In diesem Buch werden Heilrituale im Medizinkreis vorgestellt. Sie können uns Schritt für Schritt dabei helfen, innere und äußere Hindernisse auf unserem Lebensweg zu überwinden.

Print: 978-3-485-02807-3 · E-Book: 978-3-485-06090-5

Monika Herz erklärt die mystische Bedeutung der Zahlen. Für die praktische Anwendung hat sie eine Methode entwickelt, mit deren Hilfe jeder seine individuelle Heilzahl ermitteln kann.

Print: 978-3-485-01409-0 · E-Book: 978-3-485-06058-5

Monika Herz arbeitet als Schamanin mit überlieferten Heilgeschichten und erklärt, wie wir diese Geschichten für unsere persönliche Entwicklung und Heilung anwenden können.

Print: 978-3-485-01378-9 · E-Book: 978-3-485-06012-7

Auch als Hörbuch!

ISBN 978-3-7844-4256-3 · Gelesen von Marina Köhler